Para Tania, con el deseo de
que en sus sueños logre lo
que la vida a veces se empeña
en ocultar y coseche después
el verdadero fruto.

Juan Antonio López
8-Oct.-2000

# COMO
# INTERPRETAR
# LOS SUEÑOS

J. A. López Benedí

# Como
# Interpretar
# Los Sueños

EDICIONES OBELISCO

Si este libro le ha interesado y desea que le mantengamos informado de
nuestras publicaciones, escríbanos indicándonos qué temas son de su interés (Astrología, Autoayuda, Ciencias Ocultas, Artes Marciales, Naturismo,
Espiritualidad, Tradición) y gustosamente le complaceremos.

Cómo interpretar los sueños
*J. A. López Benedí*

1.ª edición: abril de 1991
2.ª edición: julio de 1992
3.ª edición: julio de 1993
4.ª edición: julio de 1995
5.ª edición: mayo de 1996

Portada de :
© J. A. López Benedí (Reservados todos los derechos)
© Ediciones Obelisco, S. L.  (Reservados todos los derechos para la pre-
sente edición, traducción, diagramación e ilustraciones)
Edita: Ediciones Obelisco, S. L.
Pedro IV, 78 (Edif. Pedro IV) 4ª planta 5ª puerta 1ª Fase
08005 Barcelona - España
Tel. (93) 232 44 30 - Fax (93) 232 75 53
Castillo, 540, Tel. y Fax 771 43 82
1414 Buenos Aires (Argentina)

Depósito legal: B. 25.159 - 1996
I.S.B.N.: 84-7720-436-5

*Printed in Spain*

Impreso en España en los talleres de Romanyà/Valls, S. A.
de Capellades (Barcelona)

# PROLOGO

Ya han pasado unos años desde que escribí este libro, que ahora vuelve a saltar a la luz pública, vuelve a nacer, con la presente edición. Muchos son los comentarios que cabría hacer, los temas a ampliar y matizar, por lo que seguramente pronto aparecerá una segunda parte que sirva de complemento a ésta. A pesar de todo, considero que lo aquí expuesto sigue teniendo una gran validez y cumple con una importante función de herramienta básica para introducirse y manejarse con garantía en este apasionante mundo de los sueños, en los ámbitos misteriosos de la mente profunda: del dinamismo psíquico que escapa a la razón para sumergirse en el inmenso mar de la imaginación, los deseos y la fantasía, donde todo es posible.

Despertar al mundo de los sueños y moverse con soltura en él es tanto como alcanzar la clave de la felicidad y el triunfo en la vida. Por desgracia, los prejuicios sociales y excesos, de una cultura que se reviste con una racionalidad mal entendida, nos tienen aún esclavizados, atados de pies y manos, a una apariencia de lo real tan pequeña que apenas nos queda espacio para respirar y nos sentimos frecuentemente estrangulados por la angustia, la depresión y el pesimismo. Cada vez tenemos más necesidad de soñar y cada vez lo hacemos menos porque nos hemos dejado engañar por quienes dicen que es malo; a muchos ya se les ha olvidado la

5

*forma de soñar voluntariamente y escapan de los sueños nocturnos, de los que les asaltan, como si se tratara de algo vergonzoso y absurdo.*

*Desde estas breves líneas quiero alentar, a pesar de todo, a quienes sigan conservando la esperanza de alcanzar el paraíso, la humana felicidad, a que desempolven la vieja y arrinconada fantasía, la de verdad, la de los niños, para soñar continuamente despiertos y dormidos, hasta lograr los sueños más sublimes y hacerlos realidad: hasta transformar con ellos el mundo. Y para conseguir esto último será preciso recuperar el lenguaje oculto de nuestra mente profunda, entender mínimamente su estructura y funcionamiento, lo que aquí planteo en la forma más sencilla y práctica posible, entendiendo, además, que no hace falta esperar a la noche ni a dormir para soñar; que se puede hacer estando despiertos. Cuando cada uno sea capaz de interpretar correctamente y seguir los consejos de sus sueños se dará cuenta de lo poco que cuesta vivir en la abundancia: disponer del tesoro más grande. ¡Animo! El esfuerzo merece la pena y será compensado sobradamente.*

JUAN A. L. BENEDÍ

# I

# - EL MUNDO DE LOS SUEÑOS -

## 1.- LOS SUEÑOS

Por lo regular, de seis a ocho horas diarias, los adultos nos entregamos a una actividad particular ante la que todo cede en importancia. Y cuando no es así, cuando los asuntos diarios invaden esta parcela reservada, nuestra salud se resiente inmediatamente. ¿Qué hay de particular en el sueño?

Todos sabemos por experiencia, en mayor o menor grado, que tras la actividad y el esfuerzo se impone el descanso. Necesitamos descansar para reponer fuerzas. A lo largo del día, muchas veces nos sentamos o nos vamos a tomar un café, interrumpiendo nuestro trabajo, porque nos resulta difícil continuar ininterrumpidamente nuestra labor. Y esta referencia, esta reflexión sobre la limitada resistencia del organismo humano, nos permite justificar y admitir la incursión imprescindible del sueño en nuestras vidas. Pero ¿es ésta realmente la única razón?

Esa etapa misteriosa, de la que se ignora mucho y mucho suponemos, está asociada con la noche, con la oscuridad, porque suele ser esa la porción de jornada que le dedicamos. En la oscuridad, nuestra visión se reduce, el mundo se nos vuelve extraño y la imaginación aumenta. Parece que esta última se encuentra relacionada con el deseo de mantener la mente ocupada con imágenes, cuando nuestros ojos se vuelven parcos en su labor. Y esa imaginación nuestra, de la que gozamos como

7

privilegio humano, ha poblado las culturas de misterios y magia, de mitos y leyendas, de dioses y demonios; de sueños... Pero ¿qué hay detrás de los sueños?

Por contraste con el mundo habitual, en el que desarrollamos nuestra actividad consciente, muchos entienden que hay otro mundo, el mundo de los sueños, regido por sus propias leyes. Es éste un mundo misterioso en el que algunos osados se aventuran procurando llevar a él la luz del conocimiento. No todos se resignan a dar por perdida esa parte de su vida. No todos ceden servilmente a la esclavitud de la naturaleza. La sed de libertad, que encontramos como fenómeno en el individuo humano, sea cual sea su grado, representación o vivencia, en algunos llega a ser tan fuerte que deciden dedicar sus vidas a conocerse a sí mismos y al mundo que les rodea. Y nadie puede pretender conocerse a menos que sea consciente de cada uno de los actos de su vida. ¿Cómo permitir entonces que un tiempo tan considerable se pierda?

## 2.- EQUILIBRIO PSICOLOGICO.

Ya hemos observado que el sueño nos permite descansar de nuestra actividad diaria. Pero veamos ahora, con un poco más de detalle, qué mecanismos generales se siguen para el restablecimiento nocturno del equilibrio psicológico.

En primer lugar es conveniente diferenciar entre imaginar, fantasear, soñar y dormir, porque a veces se confunden tales términos como sinónimos. Entenderemos en adelante como –imaginar–, aquella actividad consciente y voluntaria dirigida a la proyección organizada de representaciones mentales, llamadas imaginaciones. –Fantasear– será el apelativo utilizado para la actividad semiconsciente de proyectar representaciones mentales, más caracterizadas por la emoción que por la organización, denominadas fantasías.

–Soñar– es aquella actividad, llamada también onírica o ensoñación, involuntaria y ordinariamente no consciente, cuya organización y emocionalidad intrínseca resulta confusa para el recuerdo consciente; las representaciones mentales que produce se suelen conocer como sueños, ensueños o contenidos oníricos. Finalmente, –dormir–, es aquella actividad totalmente inconsciente e involuntaria, que carece por completo de representaciones mentales, y por medio de la cual el organismo se reajusta y restablece.

Una vez aclarados los términos, pasemos a observarlos

situados en el curso regular de nuestra experiencia. Y desde el principio tendremos en cuenta que estas cuatro actividades serán las herramientas básicas, unidas a la vivencia del presente, que nos proporcionarán nuestro equilibrio psicoló gico.

Imaginamos para lograr eficacia en nuestros actos. La imaginación nos permite probar económicamente cómo llevar a cabo alguna acción física con el mínimo error posible. Utilizamos nuestra imaginación para planificar las tareas que realizaremos en el futuro inmediato o lejano, para plantear problemas y encontrar soluciones o para diseñar formas que faciliten el movimiento mecánico o la decoración, por ejemplo.

Fantaseamos para obtener una satisfacción emocional ante situaciones desconocidas, de duda o frustración conscientes. Por medio de la fantasía damos sentido, aunque sea irreal, a una situación que, por algún motivo, había dejado de tenerlo. Nuestra fantasía nos permite, por ejemplo, sentirnos importantes y valiosos para los demás, cuando nos encontramos solos y olvidados por amigos y parientes.

Necesitamos dormir diariamente para restablecer nuestro equilibrio orgánico general. En tal actividad alcanzamos el descanso máximo. Este estado se correspondería con el místico vacío del ser de la meditación, en el que el silencio todo lo inunda, en el que ningún sentido percibe impresiones concretas, en el que el meditador se hace uno con la totalidad, obteniendo iluminación, entusiasmo, fuerza y la regeneración de sus tejidos orgánicos. Cuando dormimos, este proceso se lleva a cabo automáticamente. Y esta es la razón por la cual, quienes practican asiduamente la meditación, pueden reducir considerablemente el tiempo medio que el resto de los seres humanos emplean en dormir.

La actividad de soñar se verá a continuación más en detalle, una vez apuntadas las anteriores, puesto que es el punto central de nuestra reflexión.

## 3.- TRES TIPOS DE SUEÑOS

Aunque la actividad de soñar ha quedado anteriormente definida para todos los casos, observaremos con más detalle su funcionamiento y utilidad haciendo una primera clasificación de los sueños en tres tipos: de reajuste, de satisfacción y premonitorios.

Los sueños de reajuste son aquellos en que las representaciones mentales surgen como consecuencia de roces, golpes o impedimentos en general, que el cuerpo encuentra mientras se entrega a la mencionada actividad inconsciente. Como ejemplo se puede citar el sueño de querer correr y no poder hacerlo porque las piernas se vuelven muy pesadas, que se corresponde con el impedimento que las sábanas nos ofrecen al sujetar nuestros pies. También se puede citar el caso de quien soñó que había sido guillotinado en la Revolución Francesa, en el momento en que se desprendió la barra de la cortina, en la ventana de su dormitorio, golpeándole en el cuello. Y por último citaré el caso de aquellos sueños en que se produce la representación de una relación sexual completa al experimentar una expulsión involuntaria de semen en el hombre.

Los sueños de satisfacción son aquellos en que se lleva a cabo la realización de un deseo, insatisfecho en nuestra actividad consciente. Encontramos ejemplos de ellos en los adolescentes que sueñan declarar sus sentimientos a la persona

11

que es objeto de su enamoramiento y son felices juntos, mientras en sus encuentros ocasionales posiblemente no hayan cruzado ninguna palabra con ella. Otros pueden soñar con ser el héroe o la heroína de la película que vieron previamente. Y para finalizar citaré el caso de quienes se ven cometiendo actos condenables moral o legalmente, porque durante su vida consciente son muy rígidos en estos aspectos y reprimen habitualmente sus impulsos. Como ejemplo concreto de esto último mencionaré el caso de un director de sucursal bancaria que soñó con que se llevaba el dinero de su propia agencia y echaba la culpa al cajero, con quien no se llevaba bien.

Entre los sueños de satisfacción se encuentra una variedad, a la que se puede denominar de satisfacción «intelectual», que suele aparecer en las biografías de científicos, descubridores e inventores famosos. Esta variedad sirve de puente para llegar a los sueños premonitorios, puesto que en ellos se descubren cosas o relaciones que se harán realidad en un futuro, partiendo de un deseo formulado en el pasado. Como ejemplo típico está el caso de A. Einstein que soñó con una bruja montada en un rayo de luz y en cómo se transformaba el mundo a su paso, desde su perspectiva, dando lugar a la teoría de la Relatividad.

## 4.- SUEÑOS PREMONITORIOS

Los sueños premonitorios suelen estar envueltos en  un simbolismo más difícil de interpretar, puesto que no se refieren a experiencias pasadas. Se trata de mensajes que provienen de lo inconsciente y que por lo regular nos advierten de peligros o de claves importantes para el desarrollo de nuestra personalidad. Esta clase de sueños ha tenido siempre un gran valor en las culturas orientales y en  las que aún hoy suelen denominarse primitivas. En  la  nuestra han sido asociados,  por lo regular, con cuestiones religiosas  y su existencia se admitía tan sólo en la  vida de  santos y profetas. Pero, curiosamente, estos últimos sólo se reconocen  muchos años después de acontecida su muerte, por lo que de sus sueños premonitorios quedan, en el mejor de los casos, dudosas leyendas debidamente depuradas por los dogmas religiosos. Así ocurre, por ejemplo, con la más antigua tradición que, en este  sentido, nos transmite la *Biblia* en el libro del *Génesis*. Se trata de la historia de José,  decididamente marcada por  sus  sueños premonitorios y la habilidad (señal divina según se nos dice) con que interpretaba los de otras personas,  como es el caso del Faraón de Egipto.

En el campo científico y filosófico,  quien  abrió  la  brecha más  importante,  en  este  campo,  tras las crisis religiosas y el positivismo del siglo XIX, fue C. G. Jung. Para  él  los sueños tenían  una  importancia  terapéutica  fundamental.  Y de ellos lo que más valoraba era precisamente su carácter premonitorio.

Cita el caso de un conocido suyo, entusiasta del alpinismo, que le contó una vez un sueño que se le repetía insistentemente, en el que experimentaba una sensación de éxtasis al ascender la montaña a alturas cada vez mayores, hasta pisar el vacío. Jung aconsejó al alpinista que llevara siempre consigo dos guías en sus expediciones, y que se dejara conducir por ellos dócilmente. Pero el intrépido soñador se rió de tal consejo diciendo que se trataba de supersticiones, hasta que un día fatal perdió la vida con un compañero, precipitándose en el vacío al realizar una escalada.

Un sueño muy impactante que relata Jung es el de una niña de diez años, hija de un psiquiatra amigo suyo. Se trataba en realidad de una serie de sueños que el padre había recibido como regalo de Navidad y que le intranquilizaron sobremanera. Estos sueños los había tenido la niña con ocho años de edad y constituían la serie más fatídica que Jung había contemplado jamás. En ellos aparecían personajes míticos y hechos que se correspondían con culturas muy alejadas geográfica y temporalmente, de las que ni el padre ni la gran mayoría de la gente de su medio tenía el más mínimo conocimiento. Había continuas referencias a la destrucción y a la restauración y, confiesa Jung, que cuando los vió por primera vez tuvo la sensación siniestra de que indicaban un desastre inevitable; eran imágenes que hubieran sido más normales para un anciano preocupado por la idea de la muerte, pero que en absoluto encajaban en una niña tan saludable y normal. Pero aquellos sueños eran en realidad una preparación para la muerte. Poco después de que el padre recibiera tal regalo, la niña murió.

Y no son tan sólo la *Biblia* y Jung quienes hablan de sueños premonitorios, dentro de lo más aceptado de nuestra cultura.

# II

## –EL SIGNIFICADO DE LOS SUEÑOS–

## 1.- BASES PARA LA INTERPRETACION

Cuando se aborda el tema de la interpretación de los sueños, surgen muchos puntos importantes que han de tenerse en cuenta. En primer lugar ha de estar muy claro qué sentido tiene interpretar un sueño; qué se pretende descubrir. Esto que parece tan simple y evidente, que no necesita aclaración ni explicitación alguna, es en realidad una base fundamental que determinará completamente toda elaboración posterior. Siendo así, dejarlo sin dilucidar puede llevarnos a cometer errores muy graves. No es lo mismo, evidentemente, abordar la interpretación de un sueño desde unas premisas psicoanalíticas clásicas, que desde una concepción religiosa (cristiana, musulmana, judía, budista u otras) o desde una orientación espiritista u ocultista en general. Se supone que cada uno es coherente con sus propios principios o creencias. Pero ¿y si preguntamos a otra persona sobre nuestros sueños? ¿Conocemos su orientación lo suficiente? ¿Tendrán sus explicaciones un sentido adecuado para nosotros?

Hoy existe una amplia bibliografía que trata este mismo tema, pero cuando una persona, sin ninguna orientación previa, lee algunos de esos libros, especialmente los más comerciales, lo que suele obtener es una gran confusión. En ese momento tiene varias opciones: olvidarse del tema y echar los libros a la hoguera, quedarse con una orientación única y desechar las demás, continuar su investigación con un análisis más pormenorizado y profundo de los textos, suspender la lectura y componerse su propio refrito de ideas o comenzar una práctica comparativa y extraer sus propias conclusiones. Que cada cual tome su camino.

La situación caótica presentada tiene su origen en los presupuestos sobre los que cada libro o investigación se asienta, tal y como se sugería en el primer párrafo. Pero no insistiré más sobre este punto. Una vez advertido, cada lector sabrá a qué atenerse.

Otra de las bases que consideraremos es que las claves y símbolos que aparecen en cada sueño tienen un sentido estrictamente personal, aunque se puedan establecer conexiones por razones culturales o de la actividad vital del entorno del sujeto de la acción onírica. Y según ésto, la única persona auténticamente capaz de interpretar un sueño correctamente es la misma que lo ha tenido. ¿Cómo puede ayudar una segunda persona en la interpretación? Actuando de forma organizada y poniendo en conexión, desde otra perspectiva externa que las dos conozcan adecuadamente, las distintas partes y aspectos relatados por la primera.

En cuanto a la labor de esta segunda persona, experta en la materia, ha de mantenerse un difícil equilibrio para ayudar, potenciar y esclarecer sin interferir impositivamente ni desviar la atención del sujeto hacia puntos de interés que lo aparten de su orientación real, produciendo la consiguiente sensación de insatisfacción y ansiedad, cuando no de confusión.

Por todo ello y teniendo en cuenta el limitado espacio de este libro, expondré a continuación las ideas más importantes para que, una vez tenidas en cuenta las advertencias previas, podamos obtener ya una aplicación práctica y beneficiarnos con los primeros frutos de la misma.

## 2.- LOS SUEÑOS COMO GUIA.

C. G. Jung veía en los sueños un cierto tipo de relación arquetípica con el inconsciente, de la que se podían obtener importantes guías y sugerencias para la vida del sujeto. Esta orientación básica me pareció particularmente importante y de ella partiremos, aportando perspectivas personales, fruto de varios años de experiencia en el campo de la filosofía, la psicología, el esoterismo y el ocultismo.

Pero antes de seguir conviene aclarar lo que entendemos por arquetipo. Etimológicamente, *arque* proviene del griego αƒγε y significa principio, origen o primordial. El tipo, la segunda parte de esta palabra compuesta, se refiere al modelo, ejemplar o símbolo representativo. Por lo tanto el arquetipo indica un modelo o símbolo representativo original o primordial de la mente humana, y tal fue el descubrimiento de Jung, tras muchos años de investigación en el gnosticismo cristiano de los primeros siglos, la alquimia china y la alquimia europea renacentista y moderna, todo ello contrastado con su propia experimentación clínica sobre pacientes y sobre sí mismo.

Estos arquetipos son los modelos básicos de la mente humana, que pueden rastrearse a través de todas las manifestaciones culturales, desde los tiempos más remotos, especialmente en los ritos, mitos y creencias más antiguas, así como en las vivencias religiosas, espirituales o psicológicas de la actuali-

17

dad, en lo que Jung denominó inconsciente colectivo. Siguen apareciendo continuamente en nuestras actividades cotidianas y principalmente en los sueños, nocturnos o diurnos, aportando información, sugerencias o guía sobre nuestra actividad o realidad mental. Sabiendo atender tales mensajes y seguir adecuadamente sus sugerencias, se obtienen importantísimas ventajas para el propio equilibrio psico-físico, la resolución de situaciones conflictivas del presente y la mejora general de la calidad de vida. Tal encuentro e interpretación arquetípica es la que muchas personas buscan hoy, consciente o inconscientemente, cuando acuden a psiquiatras, psicólogos, consejeros, astrólogos, videntes o adivinos.

Cada uno de esos arquetipos tiene una estructura básica determinada o determinable, en la que se apoyan la mayor parte de los métodos adivinatorios usados desde la antigüedad y en nuestros días. Esta es, por tanto, la clave de los sueños premonitorios, a los que se hacía referencia en el capítulo anterior.

Como procedimiento práctico, de cara a la interpretación, lo primero que ha de hacerse es anotar los sueños con la mayor cantidad posible de detalles y circunstancias, incluidos los sentimientos o sensaciones físicas que produzcan y enmarcados en un ambiente de vivencias, situaciones, dudas o problemas del momento por el que se esté atravesando entonces. La segunda fase consistirá en establecer relaciones elementales entre los contenidos oníricos y el marco referencial. Estas relaciones deben ser completamente libres y espontáneas, sin despreciar ninguna, por extraña o grotesca que parezca. En la tercera fase se tratará de identificar las constantes o símbolos arquetípicos. Esta es la labor más compleja y para la que se necesita conocimiento y experiencia.

Para aquellos interesados en profundizar en este punto y

poder llegar a una interpretación mínimamente sugerente y útil para su vida, se ofrecerá, en un próximo capítulo, una primera aproximación a estos símbolos arquetípicos y la forma de identificarlos.

19

# 3.- LOS SUEÑOS Y EL VIAJE ASTRAL

Mucho se ha hablado, y se continúa haciéndolo, sobre el viaje astral. Cientos de personas hoy en día creen poder resolver, a través de esa misteriosa experiencia, ciertas dudas, problemas o situaciones conflictivas de su vida cotidiana y se entregan ávidamente a la práctica de múltiples técnicas que prometen el dominio voluntario de tal viaje por el mundo de lo astral, aunque sean pocos en realidad los que logran resultados verdaderamente significativos. ¿Qué hay detrás de todo ello?

La razón de sacar a colación ahora el tema del viaje astral es sencilla: quienes lo practican, hablan o escriben sobre él, suelen decir que los sueños, o algunos de ellos al menos, son viajes astrales. Si esto es así ha de considerarse tal experiencia como principalísima a la hora de conocer o interpretar los sueños; si no lo es, puede sernos de utilidad considerar por qué razón se ha llegado a la citada afirmación.

Comencemos por aproximarnos a la noción de viaje astral. La primera palabra no ofrece dificultad: viajar es desplazarse, recorriendo una gran distancia en un tiempo muy variable. En cuanto al término astral, hace referencia a lo relacionado con los astros. Son astros las estrellas del firmamento, el sol, la luna, los planetas y otros cuerpos celestes, como por ejemplo los cometas. ¿Quiere esto decir que el viaje astral se refiere a un

21

desplazamiento a tales astros? Sin descartar tal posibilidad, no es éste su significado exclusivo ni principal. Parece que más bien la referencia a los astros no sea en cuanto a su calidad de objetos sino en cuanto a su forma de aparecer ante nuestros sentidos habituales. Tales cuerpos celestes surgen ante nuestra experiencia como fenómenos luminosos. Aquello a lo que se denomina mundo astral, en las tradiciones esotéricas, ocultistas o mágicas, sea lo que sea, se caracteriza por ciertos efectos lumínicos.

Una vez aclarado este punto, pasaré a considerar la acepción que normalmente se atribuye al fenómeno. El viaje astral es el que realiza una persona manteniendo su cuerpo físico en reposo. Se dice que, en tales circunstancias, un doble luminoso del cuerpo se separa de éste y visita lugares distantes, entra en contacto con otros seres y con mundos insólitos, sin que en ningún momento pueda sentirse limitado ni por el tiempo ni por el espacio. Si tal cosa es cierta, y algunas experiencias vividas por el autor y por otras personas parecen confirmarlo, se trata evidentemente de algo muy atractivo y sugerente.

Pero no voy a extenderme en cuanto al viaje astral en general y sus curiosas experiencias. Aportaré tan sólo ciertas reflexiones en cuanto a su relación con los sueños. Si por tal medio, el del viaje astral, podemos extender y desplazar nuestra consciencia sin limitaciones de tiempo ni de espacio, será posible hacerlo por nuestro propio mundo mental; viajar por nuestros arquetipos. En tales viajes tendremos acceso a los contenidos de nuestra auténtica realidad total. Y esta experiencia coincide con lo que en el libro *El secreto de la flor de oro* se denomina el Trabajo del curso circular de la Luz. Este libro, antiguo tratado de alquimia chino, es el que permitió a Jung consolidar su concepción de los arquetipos y del inconsciente colectivo.

En conclusión, este tipo de viaje astral coincide con lo que denominé en el capítulo anterior «sueños premonitorios» y puede tener lugar tanto durante la noche como durante el día. Habitualmente surgen espontáneos, es decir, sin intención consciente por nuestra parte o con el entrenamiento adecuado, ante el requerimiento de nuestra voluntad. Pero no aconsejo a nadie que se entregue descuidadamente a tal práctica. Si alguien tiene un interés serio le recomiendo que se llene de paciencia, constancia y serenidad.

## 4.- COMO RECORDAR LOS SUEÑOS

Antes de lanzarse a la aventura de la interpretación de los sueños o del viaje astral, sería recomendable comenzar por el entrenamiento de recordar los sueños nocturnos y acostumbrarse a anotarlos, con un mínimo de orden y rigor. Para ello daré a continuación una serie de sugerencias prácticas:

4.1.- En primer lugar ha de prepararse en la mesilla de noche o en cualquier otro lugar próximo a la cama, un magnetófono o un cuaderno de notas y un bolígrafo.

4.2.- Seguidamente se beberán uno o dos vasos de agua despacio, muy despacio, pensando al mismo tiempo que durante la noche se gozará de un sueño profundo, sereno, y que nos quedará su recuerdo como experiencia arquetípica. El agua deberá beberse unas dos horas después de haber cenado y su propósito es el de limpiar el aparato digestivo para evitar intoxicaciones que pudieran perturbar el sueño. Al mismo tiempo, al tomarla lentamente, se reducirá la ansiedad para entregarnos al sueño en mejores condiciones.

4.3.- Una vez en la cama se hará un ligero repaso de las actividades del día sin permitir que ninguna de ellas llame excesivamente nuestra atención.

4.4.- Terminado el repaso de actividades, se pronunciará mentalmente el propio nombre por tres veces y a continuación la frase: «Esta noche tendrás una experiencia arquetípica

24

profunda, que recordarás por la mañana con toda claridad». Esta frase se repetirá otras tres veces tumbado sobre la espalda.

4.5.- Terminado lo anterior se permanecerá en estado de relajación unos instantes, dejando que el pensamiento vague libremente. Y por fin se tomará la postura habitual para conciliar el sueño.

Este ejercicio deberá repetirse todas las noches, al menos durante una semana. Cuanto más se practique, mejores resultados se obtendrán.

En el próximo capítulo seguiremos tratando el tema de los arquetipos para ayudar en la interpretación de los sueños.

# III

## –LOS ARQUETIPOS:

## 1.- EL MISTERIO DE LA LENGUA PERDIDA

Antes de proceder con el análisis de los mitos y antiguas tradiciones, albergando la esperanza de encontrar el rastro de esa misteriosa lengua perdida y por ella un poco más de luz sobre lo que los arquetipos sean, y la forma en que siguen condicionando, marcando, potenciando o aliviando nuestra vida diaria, a través de sueños, intuiciones u otros medios, antes de ello, procuraré establecer un puente valiéndome de lo que generalmente se acepta como origen de la cultura occidental: la filosofía griega. Y de entre los griegos es Platón de quien conservamos la obra más antigua sobre el lenguaje, en su diálogo *Cratilo*.

No es éste, evidentemente, momento ni lugar para tratar por extenso la filosofía de Platón ni mucho menos la filosofía griega, pero sí podemos destacar algunas de sus ideas principales y utilizarlas como guías para nuestra reflexión.

En el diálogo antes mencionado, Platón nos presenta la discusión de si la lengua es una mera convención social o si, por el contrario, se trata de algo natural y por tanto necesario, al margen de convencionalismos. Este punto ha sido objeto de constante discusión a lo largo de toda la historia del pensamiento occidental y aún se mantiene la polémica en nuestros días. Nosotros no entraremos en tal discusión; de hecho, al adentrarnos en este libro y hablar de arquetipos, como claves para la interpretación de los sueños, ya hemos tomado partido y nos hemos situado entre quienes afirman el carácter necesario y natural de la lengua, al menos en cuanto a estructura mental; como hecho psicológico.

Cuando Jung habla de los arquetipos menciona expresamente la teoría de las ideas de Platón. Aquellos son, según su propio testimonio, la versión moderna de éstas pero presentados no como realidad metafísica y subsistente en sí en cuanto al ser, según lo afirma por primera vez en la historia nuestro citado filósofo en su diálogo *Fedón*, sino como realidad experimental y contrastada psicoanalíticamente.

Pero veamos ahora la síntesis de la teoría platónica de las ideas tal y como él la presenta con su famoso mito de la caverna, que aparece en el diálogo *La República*. Los humanos somos como esclavos, atados desde el nacimiento por gruesas cadenas, en lo profundo de una caverna, donde no llegan sino reflejos indirectos de luz proyectada sobre una de las paredes y en la que se perfilan sombras de seres libres a los que nos es imposible ver directamente.

## 2.- EL LENGUAJE UNIVERSAL

Cada uno de los esclavos encadenados encuentra su propia explicación de lo que las sombras significan y así surgen los diferentes lenguajes, teorías y representaciones de la realidad. Pero sólo aquel que encuentra la forma de liberarse de sus cadenas podría ver la realidad directamente, conocer la verdad y por ella el nombre de cada ser: su esencia, su arquetipo. Sólo quien gozara de tal conocimiento estaría en disposición de hablar el lenguaje universal: entender y ser entendido por todos los seres.

Además de citar a Platón, Jung relaciona también su concepción de los arquetipos con las categorías kantianas. En la *Crítica de la Razón Pura*, Kant nos dice que resulta imposible conocer la realidad de lo existente en sí, el noúmeno, y que lo único que nos permite nuestra estructura de conocimiento es tener representaciones de fenómenos determinados por ciertas categorías fijas, a través de las cuales conocemos.

¿Qué serían, pues, los arquetipos? Aquellas formas de nuestra propia mente a través de las cuales conocemos el mundo y todo lo que nos rodea. Si tales formas o categorías son innatas, como dice Kant y mantiene Jung, detrás de ellas se oculta un lenguaje universal, común para todos los seres humanos. Y éste es, el lenguaje que utiliza nuestro propio inconsciente cuando se nos manifiesta en los sueños diurnos o nocturnos.

Pero ha de tenerse en cuenta un punto fundamental que diferencia la formulación de Jung de la de Platón o Kant y es que estos últimos estaban preocupados por el conocimiento metafísico de lo real en sí mismo, mientras que al primero le preocupaban tan sólo las verdades psicológicas. Y entender lo que Jung considera psicológicamente verdadero es de vital importancia para comprender su concepción del arquetipo y la psicología junguiana en general. A diferencia de la teoría del conocimiento, a la psicología no le interesa si una idea es adecuada o no con respecto a la realidad objetiva; tan sólo le interesa su existencia de hecho, es decir, que en un momento determinado se encuentre en la mente de una determinada persona.

Apuntaremos ya claramente que a nosotros, en este momento, como a Jung, nos interesan tan sólo las verdades psicológicas y que por ello no pretendemos investigar, como lo hiciera Leibniz por ejemplo, un lenguaje universal, perfecto y exacto, como la matemática. Aquel lenguaje universal, en pos del cual nos encaminamos, es otro mucho más misterioso, sugerente y poético, rico en intuiciones, impulsos y símbolos, que también en los animales y en la naturaleza toda se puede encontrar. Este es el que descubriría Sigfrido al bañarse en la sangre del dragón, en el mito nórdico de los Nibelungos o la rara habilidad del argonauta Mopso, entre otros, así como el don que el Espíritu Santo otorga a los Apóstoles reunidos en el cenáculo tras la crucifixión de Jesucristo.

## 3.- LA LENGUA MAGICA

Un lenguaje de tales características permitiría mantener la comunicación con los animales y con todos los fenómenos de la naturaleza, así como con los dioses de todas las mitologías y religiones, lo cual otorgaría un dominio efectivo del mundo. Y esto es lo que pretenden y han pretendido todos los ritos mágicos que se han llevado a cabo a lo largo de toda la historia de la humanidad. Este es uno de los secretos más celosamente guardados por los iniciados de los ritos mistéricos o iniciáticos desde la antigüedad. Cada uno de esos antiguos ritos tenía como propósito dar a conocer parte del lenguaje mágico universal, para que el iniciado alcanzara un poder particular sobre determinados animales o fenómenos naturales.

Nos está vedado desvelar aquí todos esos secretos. Nuestro propósito presente no se dirige hacia el descubrimiento de todos los ritos mágicos o iniciaciones tradicionales. Esta tarea quedará para más adelante. Lo que ahora mueve nuestros pasos es descubrir las claves del lenguaje de nuestros sueños para restablecer una comunicación libre con nuestra propia mente inconsciente. En esto consiste el denominado proceso de iluminación, que en el antiguo libro de alquimia chino *El secreto de la Flor de Oro*, se llama trabajo del curso circular de la Luz, como ya indicaba cuando traté sobre la interpretación de los sueños y lo ponía en relación con el viaje astral.

Nuestra magia va a quedar reducida ahora a la invocación de los dioses que residen en nuestra propia mente inconsciente, los arquetipos, para buscar su consejo (el oráculo) y así conocernos mejor a nosotros mismos, teniendo acceso a un grado progresivamente mayor de felicidad.

## 4.- EL VERBO CREADOR

Y para terminar con algo más práctico, tras esta ambientación general, centrémonos ahora en la primera condición que nos va a permitir alcanzar el lenguaje de los arquetipos. La característica primera de éstos es su potencialidad creativa, por la cual los he identificado antes con los dioses que residen en nuestra propia mente. Pero la capacidad de crear en nuestra cultura, por excelencia, no se reparte entre múltiples dioses, al menos conceptualmente, sino que se centra en uno sólo. Y de ahí partiremos, aunque en otro momento nos planteemos las razones, convenientes o inconvenientes de esto.

El primer arquetipo al que nos acercaremos será el de la unidad, centro u origen de nuestro mundo. Este arquetipo fundamental, descubierto por Jung en las experiencias de ciertos místicos, en los mandalas y formulado conceptualmente como el centro de la personalidad conjunta (consciente-inconsciente), no es precisamente el que con más facilidad se capta, pero lo considero tan importante como origen y fundamento de la personalidad, que lo propongo en primer lugar para avanzar en el conocimiento general de los arquetipos con una base sólida y equilibrada, para evitar riesgos, errores y problemas, en la medida en que eso nos sea posible.

Considero importante precisar ahora el esquema básico de la personalidad que Jung presenta. En él se dan cuatro niveles fundamentales, que son los que en este momento nos interesan:

[ CONSCIENTE ]
_____

[ PRECONSCIENTE ]
_____

[ INCONSCIENTE PERSONAL ]
_____

[ INCONSCIENTE COLECTIVO ]
_____

## ARQUETIPOS

Los arquetipos provienen siempre del inconsciente colectivo
y desde allí pueden ir avanzando hacia el inconsciente personal y el preconsciente, pudiendo llegar al consciente en ocasiones sumamente excepcionales.

Volviendo a nuestro arquetipo de la unidad central, Jung
lo denomina Self o Sí-mismo y cuando se experimenta con
un cierto grado de profundidad produce la experiencia mística
del encuentro con lo divino, tomando la forma preconsciente
que cada cual le otorgue, dependiendo de su credo religioso o
concepción filosófica. Un ateo podrá experimentarlo también
como la pulsión visceral de la vida o la potencia del devenir
dialéctico de la materia.

En cuanto al sentido práctico que puede suponer este
arquetipo, a la hora de interpretar los sueños, podemos considerarlo como el verbo creador que surge desde el interior de cada
imagen, escena o desarrollo onírico. Procedamos pues, cuando
consideremos un sueño, como si en su interior se encontrara
un verbo vivo, un mensaje, que tiene su origen en nuestro propio
centro, en el sí-mismo de nuestra personalidad; escuchemos,
sintamos, dejémonos conmover, hasta que su palabra vaya

tomando forma consciente. Pero seamos pacientes; hace falta un considerable entrenamiento hasta que estos mensajes comienzan a mostrarse útiles en nuestra vida diaria. Y consideremos siempre que, cada uno de ellos, nos está proporcionando un impulso práctico y concreto para ésta. Recordemos que la verdad es siempre sencilla, directa y clara. Descubramos nuestra verdad, sin pretender imponerla a otros. Antes bien, disfrutemos de éste, nuestro auténtico tesoro.

Como referencias útiles e imaginativas, pensemos en el sí-mismo como la médula en el interior de nuestros huesos o como un punto emocional en el interior de la parte central del cuerpo o como una bombillita encendida en el centro de nuestra cabeza. En el próximo capítulo seguiremos tratando los arquetipos, referidos a la experiencia del tiempo primordial.

# IV

# –LOS ARQUETIPOS.
## LA VUELTA AL PARAISO.–

## 1.- EL TIEMPO PRIMORDIAL.

Hemos comenzado a introducirnos en los arquetipos, atraídos por la magia del mundo de los sueños. A través de ellos vamos descubriendo una realidad superpuesta a lo real, un mundo nuevo que, lejos de estar separado y distante de nuestro habitual ajetreo social y consumista, lo encontramos implícito en cualquier momento de nuestra historia. Una influyente deformación analítica nos ha acostumbrado a ver, como mucho, la mitad de nuestro mundo, haciéndonos creer que es el todo. Pero, además de ese tiempo discursivo, en el que nuestra consciencia habitualmente se concentra y disipa, existe otro tiempo primordial, discreto y continuamente presente que, por su inmanencia, por su ausencia de contrastes, pasa desapercibido.

Este hecho, repetido desde tiempos remotos en los mitos, leyendas y tradiciones, vivido informalmente a través del arte en nuestra cultura occidental, ha quedado ya suficientemente probado desde que la investigación neurológica descubrió las diferencias funcionales de los dos hemisferios cerebrales. El hemisferio predominante (izquierdo para los diestros y viceversa) es el que realiza sus funciones según el tiempo discursivo, al que nos acostumbran los relojes y los encadenamientos lógicos. El hemisferio no predominante (derecho para los diestros e izquierdo para los zurdos) es el que mantiene la

35

constante vital, biológica, del tiempo primordial, del eterno presente, característico de las experiencias de meditación, de la dimensión estética y de la intuición o clarividencia.

Este tiempo primordial, inmanente, es el que caracterizó siempre al espíritu religioso y ha sido continuamente revivido a través de ritos y mitos. Al institucionalizarse en exceso el comportamiento religioso y regularse dogmáticamente en las grandes religiones, comienza a perder vitalidad y se distancia de su sentido original, de inmanencia, para regirse a su vez por lo discursivo. La institución sacó al ser humano del paraíso y lo esclavizó por medio del temor. Pero aún existen quienes, viviendo en mundos mágicos y primitivos, son capaces de encontrar de nuevo el Paraíso y habitar en él. J. J. Rousseau lo expuso así en su idealización del perfecto salvaje. Y muchos otros, desde entonces, han tratado de recuperar ese estado natural de convivencia ecológica con el medio. Pero al hacerlo suelen olvidarse de la realidad social en la que viven y pretenden encontrar la solución al huir fuera de ella. Por desgracia, ésto mostró ser una utopía inviable. Los hippies de los años 60 fueron cayendo, poco a poco, en su autodestrucción o en su reconversión social como yuppies. Y tras ellos llegaron los pasotismos y las condenas sociales, convertidas en modas de consumo, de los punkys. Una convivencia ecológica no puede olvidar ni oponerse a ningún factor sino equilibrar y armonizarlos todos, en pro del tan manipulado bien común y la riqueza colectiva en sus sentidos más amplios posibles; riqueza humana, de la fauna, flora, del aire, las aguas y el planeta entero. Y éste es nuestro Paraíso Perdido. Ese que, estando tan cerca, no somos capaces de encontrar.

## 2.- LOS MITOS DEL ORIGEN

Cuando determinados pueblos o culturas recurren a los mitos del origen, aportan por ese medio una solución, su solución, para equilibrar los factores discursivos del presente, el devenir de sus circunstancias sociales o naturales, recurriendo a la perfección de los orígenes, al tiempo primordial, al estado de pulcritud y sencillez del que todas las cosas salieron, por la mediación de dioses o héroes, para restituirlo, remediando la corrupción y degeneración. Ese era el secreto de la fuente de la eterna juventud o del valle de la eterna primavera: habitar en el tiempo primordial de los orígenes.

Tal encuentro con el origen es un encuentro con el arquetipo, pues los arquetipos, como ya decía al hablar del «significado de los sueños», hacen referencia a un modelo o símbolo representativo original o primordial de la mente humana. Lo que para nosotros ha variado, desde la *Crítica de la Razón Pura* de I. Kant y el análisis de L. Feuerbach en *La Esencia del Cristianismo*, ha sido la formulación de lo que encontramos en nuestra realidad más radical, no ya como procedente de una teología más o menos mitológica, sino como una antropología gradualmente emergente. Los dioses que antes se veían en el mundo exterior y que nos enajenaban, se ven ahora como arquetipos de nuestra propia mente: del mundo interior.

Por tal razón el Zarathustra nietzscheano, en la montaña, con

37

la nueva aurora, es decir en el encuentro con su tiempo primordial, descubre la gran verdad. Pero la sabiduría de Zarathustra no puede quedarse en él: está cansado de ella. Y, como el sol, desea penetrar en su ocaso retornando al mundo para transmitir su gran verdad: «Dios ha muerto y ha nacido el superhombre: el hombre que se supera a sí mismo». Así encuentra la imagen arquetípica humana en su origen; aquella a la que muchos llamaron Dios, situándola fuera del viviente humano. Pero el hombre en su origen es creación continua, impulso de ser. Y esta es la razón por la cual, al comenzar a considerar los arquetipos, comenzamos por el arquetipo de la unidad, del origen, para encontrarnos directamente con el creador en nuestro interior, en nuestro centro, en nuestro tiempo sin tiempo del mito del origen.

La vuelta al paraíso es, para nosotros, la recuperación de nuestra auténtica realidad, de nosotros mismos. Encontramos nuestro centro en ese arquetipo de la unidad, del sí-mismo y desde él actuamos con toda naturalidad: sin miedos, sin tabúes, sin enajenaciones. Pero no es tarea fácil ni mucho menos evidente tal encuentro arquetípico con el origen. Hacer que la luz de la consciencia llegue verdaderamente a él será un trabajo arduo y prolongado. Un trabajo que consideramos desde ahora como el objetivo final de nuestra andadura, aunque se haya propuesto como ejercicio primario. El deseo consciente de alcanzar algo, de alcanzar un dorado tesoro, no supone su logro inmediato sino más bien una orientación de sentido vital, es decir, comenzar a hollar un camino largo y esperanzador, que justifique el trabajo de toda una vida vivida con intensidad, con profundidad, con el deleite de encontrar un mundo en cada instante. Porque en cada instante el mundo se transforma y se vuelve a crear como nuevo fruto de nuestra experiencia. Y así recordamos esos versos de Kavafis, reflexionando sobre el simbolismo de las peripecias de Ulises en la Odisea: «Si vas a emprender el viaje hacia Itaca, pide que tu camino sea largo, rico en experiencias, en conocimiento... en que con placer, felizmente arribes a bahías nunca vistas... Ten siempre a Itaca en la memoria. Llegar allí es tu meta... Mas no apresures el viaje. Mejor que se extienda largos años; y en tu vejez arribes a la isla con cuanto hayas ganado en el camino, sin esperar que Itaca te enriquezca. Itaca te regaló un hermoso viaje. Sin ella el camino no hubieras aprendido...»

## 3.- MITOS DE CREACION

Una vez descubierto el camino de retorno a nuestra realidad primordial, en el que el principio es el fin, comenzamos a crear con cada paso. Así fue también para los pueblos primitivos: para los poetas creadores de mitos. En un momento en que el conocimiento era desconocimiento y una aventura insólita, los espíritus inquietos, con hambre de saber y de explicarse el mundo, emprendieron ingenuamente un camino lleno de sorpresas y grandezas, al que llamaron después civilización.

Los mitos de la creación suponen el primer esfuerzo por representar el origen de todo. Este origen es, evidentemente, anterior al ser humano y por ello sólo puede conocerlo quien estuvo presente en la creación. Dependiendo del tipo de creación, el narrador debe ser el creador mismo o algún otro colaborador o invitado. De cualquier manera, estos mitos son siempre resultado de una revelación. Por lo general, en el mundo antiguo, les corresponde a las musas tal misión. Y estas musas tienen una correspondencia arquetípica clara con la dualidad del funcionamiento cerebral. Frente al análisis racional del hemisferio predominante (por lo regular el izquierdo), surge la intuición del mito poético, como actividad característica del hemisferio no predominante (derecho). Esto nos permite deducir que, en nuestra actividad arquetípica, cuando deseamos alcanzar el conocimiento de alguno de nuestros propios mitos

40

del origen, referidos a nuestra vida psicológica individual, debemos producir un cambio en nuestra actividad cerebral; por medio del análisis racional, exclusivamente, no tendremos posibilidad de acceder a ellos.

Pero una vez establecidos estos principios elementales, pasemos a examinar uno de los mitos de la creación más difundidos en occidente: el que encontramos en el relato del Génesis. En esta ocasión no podemos detenernos a analizarlo en detalle. Presentaré, por tanto, una síntesis estructural que iré comentando para entresacar alguna de las relaciones arquetípicas, que en este momento puedan interesarnos. Nuestro relato comienza así:

»En el principio creó Dios los cielos y la tierra. La tierra era caos y confusión y oscuridad por encima del abismo, y un viento de Dios aleteaba por encima de las aguas.»

En estas primeras frases del mito nos topamos ya con la referencia a Dios, a quien ya hemos comenzado a relacionar con el arquetipo junguiano del sí-mismo en su calidad de creador y origen del mundo, cualidad que viene refrendada por el verbo de la primera oración: creó. Este fue nuestro propio punto de partida en la búsqueda arquetípica. En cuanto a la expresión «En el principio», se está precisando que la acción se lleva a cabo en el tiempo primordial, concediéndosele así un carácter sagrado y puro, como corresponde a un mito del origen. Finalmente, el objeto que recibe directamente la acción del verbo es el sustrato básico de la totalidad del mundo que conocemos: los cielos y la tierra. Esta última parte cumple la función arquetípica de establecer el fundamento de nuestra vida concreta. Tenemos así, en resumen, tres arquetipos en el primer enunciado: el sujeto creador evidenciado en su acción (el sí-mismo), el tiempo primordial de los orígenes (lo virginal o inmaculado) y el fundamento de nuestras propias acciones (el carácter, forma o mácula). Y a su vez estos dos últimos arquetipos podemos traducirlos al lenguaje de Jung como anima y animus.

La segunda frase considerada en el mito no es más que una confirmación de la aparición de estos dos nuevos arquetipos. La tierra como caos y confusión y oscuridad es una primera manifestación de la acción creativa en un estado virginal, la materia prima: el anima. El viento de Dios es la manifestación de la forma pura o primera, el rasgo masculino que imprime carácter o mácula: el animus. Veremos más adelante que esto mismo tiene su paralelismo en otros mitos, incluso en cuanto a las metáforas utilizadas. Pero por ahora no conviene proseguir con más información. Hemos de darnos tiempo para reflexionar y descubrir este nuevo arquetipo doble que hemos descubierto. Sólo así lo identificaremos posteriormente con facilidad en nuestros sueños, acercándonos más al significado de éstos.

Para establecer referencias prácticas inmediatas, sugiero dedicar algún tiempo a la observación de estos dos principios arquetípicos complementarios e inseparables. Así como la materia no puede existir sin una forma que la determine, como ya Aristóteles nos sugirió, tampoco el día puede existir sin la noche, lo frío sin lo cálido, lo masculino sin lo femenino, lo activo sin lo pasivo,... y olvidémonos de considerar, por ahora, si lo uno es bueno y lo otro malo, como habitualmente hacemos. Estos últimos son juicios de valor y se sitúan en otro orden de realidad. Ahora, como decía Nietzsche, nos encontramos más allá de lo bueno y de lo malo o si lo preferís, como dicen otros: *to er mundo e güeno.*

Una vez observado este principio complementario, como el yin y el yang, se puede continuar la ejercitación de aproximarse al arquetipo considerando al observador y lo observado, el pensamiento y la palabra, las emociones y los actos, la sangre

y las venas. Veamos si podemos ir recuperando, con estos
sencillos juegos, nuestro paraíso perdido, allí donde Adán y
Eva, animus y anima, existían en el tiempo primordial de los
orígenes, más allá de prejuicios, temores, celos, rencores y
otras bestezuelas de las que abundan en nuestro habitáculo
mental. Si lo conseguimos, nuestro paraíso irá enriquecién-
dose progresivamente con los frutos que encontremos, en este
particular viaje que hemos emprendido a través de los mitos:
los arquetipos. No te prives; disfruta plenamente de lo que es
más auténticamente tuyo.

# V

## –LA INTERPRETACION DE LOS SUEÑOS–

## 1.- ANALISIS DE UN SUEÑO

Presentaré a continuación el relato de un sueño que alguien, de cuyo nombre no quiero acordarme, me contó: «Voy caminando por una calle oscura y neblinosa. Entre las sombras se adivina la presencia de una mujer, a la que resulta imposible identificar. Me llama y se me insinúa, con palabras y gestos. Sigo sin saber quién es. Me rodea con sus brazos y me acaricia. Siento asco. Está sucia. Saco un cuchillo y se lo clavo en el vientre. Oigo pasos y el silbato de la policía. Me voy corriendo y me despierto agitado».

Lo primero que me llamó la atención, en este sueño, es que sus imágenes parecen sacadas de una de las múltiples películas que se han hecho sobre el destripador de Londres. La persona en cuestión había visto en la pantalla la escena que ahora reproducía. Y aunque no vió la película el día anterior, las imágenes quedaron seleccionadas por alguna razón particular. Tal razón se hizo especialmente importante esa noche. Existía un cierto tipo de relación entre sus intereses o preocupaciones y las imágenes. Y eso, precisamente, es lo que yo me proponía ayudarle a descubrir. No obstante, aquel hecho me hizo pensar en que, posiblemente, también el escritor que concibió por primera vez la escena y el director que la plasmó en imágenes, expresaran ya una oculta preocupación de su inconsciente por medio de tal relación simbólica.

44

Sea como fuere, debemos entender que el sueño no está diciendo algo directamente, porque no lo tuvo ningún destripador de Londres, sino que encierra una intención oculta, enmascarada tras las imágenes. Y para descubrir la clave velada comenzaremos por escindir los diferentes elementos que lo constituyen, estableciendo relaciones simbólicas de cada uno por separado, en primer lugar, y seguidamente de unos con otros.

La primera frase sitúa al soñador «caminando por una calle oscura y neblinosa». El caminar presupone una intención, una acción y una meta. Pero de estos tres elementos esenciales sólo uno, la acción, nos es evidente; desconocemos la intención y la meta. Lo adecuado será, en tal caso, interrogar al soñador para que nos las explicite. Aunque tanto si se trata de un sueño propio como ajeno, al preguntar directamente por la intención y la meta del caminar, la respuesta suele ser la misma: «no lo se». Hay veces en que alguna de estas dos cosas se expresa en el mismo sueño. En ese caso debería también relativizarse para buscar su propio significado simbólico. En resumen: –no debemos – interpretar ningún elemento del sueño por su significado directo –sino buscar en todos ellos una referencia oculta–.

Sigamos con nuestro análisis. Si el soñador desconoce conscientemente la relación simbólica de los elementos, como ocurre normalmente, ha de preguntarse a su inconsciente. Esto se logra poniendo en marcha el curso circular de la luz, como lo expresa el libro *El Secreto de la Flor de Oro*, que C.G. Jung estudia, introduce y pone en relación con su propia investigación. En términos más prosaicos, tal método se conoce en el psicoanálisis como la asociación libre de ideas en torno a un tema particular, como es cada uno de los elementos de un sueño. Consiste en quedar relajado, a ser posible con los ojos abiertos y la mirada perdida, y describir o enunciar todo aquello que el símbolo en cuestión nos sugiere procurando, al mismo tiempo, situarse en la misma disposición emocional que concurrió en el sueño. Y así se procederá con todas y cada una de las partes constituyentes de la representación onírica. En el caso que nos ocupa, la intención del caminar estaba vinculada a una inquietud, un desasosiego y la búsqueda de tranquilidad. La meta era descubrir la causa de la inquietud y dar una respuesta a su requerimiento.

El segundo elemento que será objeto de análisis es «la calle oscura y neblinosa». Y por el método indicado antes obtenemos que la calle es un lugar público, de encuentro, que facilita la comunicación y nos sirve al mismo tiempo de camino; en la calle solemos encontrar personas. Esta última relación nos aclara la precedente: está buscando a una persona. El matiz de la oscuridad y la neblina aporta a la calle un carácter tenebroso, de falta de claridad, de ocultamiento,... calificaciones todas ellas que se relacionan con nuestro propio inconsciente. Resumamos, pues, la clave interpretada hasta ahora: el soñador se ha puesto en marcha movido por una inquietud y con el propósito de encontrar la causa de la misma, que es una persona, que se oculta en su propio inconsciente.

En la segunda frase del relato encontramos un elemento más: «...la presencia de una mujer, a la que resulta imposible identificar». Esta mujer oculta por la noche es la persona encontrada, la que guarda el secreto de la inquietud primera y su solución. En la interpretación freudiana, la mujer puede ser tomada en sentido literal, especialmente si es un hombre el soñador. Y tras esa mujer oculta aparecería inmediatamente la madre, la primera mujer de quien todo individuo toma consciencia. La incapacidad para reconocer su identidad estaría asociada al pudor o condena moral ante la tendencia incestuosa. Pero, si seguimos nuestro método de asociación libre, no saldrá tan sólo la madre. En nuestro ejemplo surge también

46

la relación con la sensibilidad, el arte, la poesía, la atracción sexual y la sabiduría. Y así esta mujer trascendería su representación directa para convertirse en arquetipo, en el eterno femenino de la diosa madre, Eurinomo, o de la diosa del amor y la belleza, Afrodita.

Pero continuemos con el análisis de los restantes elementos, porque en ellos encontraremos, sin duda, una explicación más detallada sobre esta misteriosa mujer. La tercera frase la identifica, expresamente, con la causa de la inquietud y la meta del caminar cuando dice: «Me llama y se me insinúa con palabras y gestos». En este punto, el soñador anhela caricias, echa en falta el abrazo protector de su madre, su cálido refugio en el vientre, donde estaba protegido de todo daño y ni siquiera comer o respirar le suponía turbación, puesto que le venía dado. Al pasar por dificultades, por situaciones que requieren su esfuerzo, físico o psicológico, anhela aquella caricia envolvente y superprotectora. Y es su propio deseo el que alimenta la voz de la misteriosa mujer. Consigue incluso, ante la urgencia de su necesidad, ver cumplida su oculta solicitud cuando, continuando el sueño, dice: «Me rodea con sus brazos y me acaricia».

Hasta ahora había ido directamente hacia su objetivo y estaba logrando su propósito. Pero se encontraba ya demasiado cerca de descubrir las últimas claves, de aceptar su debilidad infantil y proclamar su necesidad de consuelo materno. Y en este punto crítico aparece un factor represivo; justo el que se encuentra en el núcleo de sus dificultades cotidianas: la repulsa. Por medio de la sensación de asco se impide a sí mismo lograr el preciado alimento emocional de la satisfacción y el afecto. Esta es la clave que determina su incapacidad para lograr el dominio y la felicidad en su vida diaria. La terrible tragedia represiva, representada en el sueño por la frase: «Siento asco», vuelve a vivirse una y otra vez cuando está a punto de lograr el éxito en sus actividades. Y siempre encuentra, naturalmente, un culpable ajeno a sí mismo: es un eterno incomprendido. Pero su auténtica dificultad se encuentra en la radical condena del impulso que ha juzgado, desde lo más profundo de su oscuridad inconsciente, como un horrible pecado: el incesto. Y esta es la consecuencia psicológica y moral de una cultura que, desde hace siglos, por vía religiosa fundamentalmente, ha asociado toda caricia adulta a sexualidad y ha vetado las relaciones sexuales entre determinados individuos por razones de gran proximidad biológica o gran distancia, entre otras.

Pero sigamos con el sueño. Tras experimentar la suciedad «saca un cuchillo y se lo clava en el vientre». Tal representación onírica es, para el psicoanálisis clásico, la referencia a la cópula o el coito. El cuchillo es un símbolo fálico, el arma del soñador, que utiliza para penetrar el vientre de la mujer oculta. Es, no obstante, una acción cargada de violencia puesto que surge como fruto de una fuerte represión y luchando contra ella. E inmediatamente aparece el temor por el pecado cometido, que lo condena nuevamente a ser expulsado del Paraíso. También ha dado una representación a su miedo: es el policía lejano, la autoridad, el padre, que sin duda descubrirá su falta y lo castigará severamente, quitándole el arma y condenándole a vivir alejado del mundo y de quien puede calmar sus angustias: la madre.

Esta sería una interpretación desde el psicoanálisis clásico, que no puede olvidarse completamente pero que es susceptible de complementación, si no de superación, por otro tipo de interpretaciones como la que a continuación llevaré a cabo.

## 2.- UNA REINTERPRETACION ARQUETIPICA

Abordaré ahora una forma de reinterpretar el sueño, más en concordancia con la orientación que estoy dando a este libro. Vuelvo a repetir que no puede considerarse como interpretación exclusiva y que las diferentes orientaciones desde las que se puede acceder al significado (sexual, moral, arquetípica, religiosa, política,...) dependen mucho de las vinculaciones propias del soñador.

Vuelvo a tomar el curso del análisis precedente en el momento en que, en la segunda frase, aparece «...la presencia de una mujer imposible de identificar». Hasta aquí son válidas las líneas establecidas antes. Pero es concretamente la mujer la que puede ser tomada en sentido literal, haciendo referencia a otra persona, o en sentido simbólico, como sugiere C.G. Jung. A partir de aquí aparece esta nueva posibilidad de interpretar esas tendencias incestuosas que S. Freud detectara.

Al tomar la mujer como símbolo arquetípico comenzamos a valorar las referencias a la sensibilidad, el arte, la poesía y la sabiduría, que ya surgieron en el curso del análisis, en la asociación de ideas. Ya apunté también, anteriormente, que todo ello podía relacionarse con la diosa madre Eurinomo o con la diosa del amor y la belleza, Afrodita. Pero no queda todo ahí.

Las dos diosas mencionadas tenían sentido dentro de la

interpretación anterior porque una era la madre universal y otra el atractivo sexual. No obstante, al considerar los símbolos arquetípicamente, los interiorizamos más y ya no los vinculamos a nada que sea ajeno a nosotros mismos. En este caso la mujer representa la contraparte femenina del soñador. Esta, a su vez, se corresponde con una forma de proceder diferente a la habitual. Si normalmente se utiliza el modo de conocer y razonar discursivo, es decir, analítico, separando partes de la experiencia vivida, esta disposición femenina tiende a desarrollar un modo de conocer y de vivir intuitivo y espontáneo, como totalidad, sin observar partes en la experiencia. Por lo tanto, la necesidad de encontrar esa mujer oculta se convierte en la urgencia por incluir más dosis de intuición y expontaneidad en la vida del soñador. Esta se había convertido en monótona a base de normas, preceptos y análisis lógicos; le faltaba un poco de irracionalidad. Y así también el sentimiento de asco y suciedad, ante los intentos de seducción de su contraparte femenina, es el miedo a la inseguridad que le produce lo espontáneo, lo inesperado. Pero sin embargo, para recuperar su aparente seguridad se ve obligado a cometer un crimen inesperado, algo que jamás hubiera podido prever. Y tal es la moraleja que también otra tragedia griega: *Las Bacantes de Eurípides*, nos hace considerar: —en el enfrentamiento entre —lo racional y lo irracional, en el deseo de reprimir que aquéllo —pretende sobre la espontaneidad de ésto, siempre termina —venciendo lo impulsivo provocando, en algunos casos, la locura o –la muerte–. Son éstos, naturalmente, planteamientos extremos que nos permiten considerar con más claridad los detalles pero que no han de tomarse exactamente al pie de la letra.

En resumen, el mensaje que el sueño encierra para nuestro soñador es que las inquietudes que asaltan su vida se originan en la falta de seguridad que tiene en su propia intuición. Necesita atender las sugerencias de esos impulsos sin llenarlos de prejuicios. Y si, por tozudez, se empeña en querer eliminar de su vida lo espontáneo, terminará desarrollando una conducta que, en lugar de ayudarle a vivir mejor, siendo perfectamente dueño de sus actos, le apartará definitivamente del dominio de su vida y le hará huir sin remedio entre depresiones y graves pérdidas de realidad.

A partir de aquí nos ocuparemos de una interpretación más pragmática de los sueños, ilustrada con múltiples ejemplos, para alcanzar más sensatez en la aproximación a los símbolos arquetípicos que presentaré en forma de diccionario, pues obsesionarse con interpretaciones puramente trascendentales puede llevarnos a fanatismos insanos.

# VI

## –LA INTERPRETACION DE LOS SUEÑOS–

## 1.- LOS SUEÑOS DE REAJUSTE

Ya definí este tipo de sueños como «aquellos en que las representaciones mentales surgen como consecuencia de roces, golpes o impedimentos en general, que el cuerpo encuentra mientras se entrega a la mencionada actividad inconsciente». Comenzaremos a observar, pues, los producidos por una excitación sensorial externa inmediata.

Al cerrar los ojos parece que quedamos aislados del mundo. Nuestra consciencia de éste se encuentra muy vinculada a las percepciones visuales. Sin embargo, todos hemos notado en algún momento, especialmente cuando nos domina el insomnio aunque sólo sea por un breve espacio de tiempo, que sentimos con mayor claridad los impulsos recibidos a través de otros órganos, como los oídos. Esto ocurre porque únicamente los ojos se cierran; el resto de los sentidos permanece continuamente en contacto con el mundo. Y la consciencia queda más concentrada en estos últimos. Al dormirnos perdemos el conocimiento de lo que nuestros sentidos abiertos nos aportan, pero es evidente que esa información sigue llegando al cerebro y estimulándolo. La prueba es que un fuerte impacto sonoro nos puede despertar. No obstante, procuramos eliminar al máximo los estímulos del tacto, para lo cual nos ponemos una ropa más ligera y cómoda, y nos tapamos con sábanas y mantas o edredones; nos retiramos en el silencio y la oscuridad, en un ambiente que no tenga olores desagradables o demasiado fuertes. A pesar de todo pueden concurrir circunstancias imprevistas que alteren nuestra situación de reducción de excitaciones externas. Algunas de éstas pueden ser: quedar destapado por causa de los movimientos nocturnos involuntarios, caerse de la cama, que algún objeto golpee nuestro cuerpo, que nos llegue una ráfaga de viento inesperada, que suene el teléfono, una sirena, el timbre de la puerta o del despertador, que oigamos voces de gente alarmada por la calle, que un olor intenso nos sorprenda, etc.

Seguidamente veremos algunos ejemplos de estos casos.

## 2.- EJEMPLOS DE SUEÑOS DE REAJUSTE ANTE EXCITACION EXTERNA

En una ocasión me contó un cliente que se encontraba muy angustiado por un sueño que se le repetía a menudo. Era el siguiente: «Se encontraba andando por la calle y de improviso ve que la gente se pone a correr en el mismo sentido que él llevaba. Sorprendido, mira hacia atrás y ve al fondo una gran polvareda que ocupa la calle en su totalidad y que avanza hacia el lugar en que él se encuentra. En ese momento, siente el impulso de unirse a la apresurada marcha de sus accidentales compañeros de ruta pero no puede. Sus pies pesan enormemente y le resulta imposible emprender la carrera». Tras relatarme la escena me confesó que se encontraba preocupado porque temía que ese sueño le estuviera dando un mensaje importante y que no supiera interpretarlo. Le pregunté entonces por las costumbres que tenía para entregarse al descanso nocturno y me explicó que le gustaba entrar en la cama cuando las sábanas estaban muy bien remetidas por todas partes, porque así daba el aspecto de mayor orden, equilibrio y belleza. Si por alguna razón, un día, había tenido que acostarse en una cama que no se encontraba bien hecha, se había sentido incómodo. También solía depositar en la mitad inferior una pesada bata de invierno que usaba para estar en casa, la colcha e incluso a veces alguna manta doblada por si sentía frío en la noche. Cuando terminó le miré con una sonrisa y le dije:

- ¿Y aún pretendes correr en tus sueños?

- No lo entiendo -me replicó.

- Está muy claro. La presión de las sábanas y el peso que depositas sobre los pies te produce la sensación de inmovilidad que en el sueño se traduce como imposibilidad de correr ante un peligro cercano. Procura colocar la bata, la colcha y la manta en algún otro lugar y dejar un poco más sueltas las sábanas en la parte inferior.

Así lo hizo y dejó de repetírsele el sueño.

Otro día llegó una mujer de edad madura que se encontraba nerviosa. Quería contarme un sueño que la tenía muy preocupada. Se había repetido muchas veces y no le encontraba explicación o, mejor dicho, tenía miedo de que fuera cierto lo que ella creía que significaba. Continuamente se justificaba y me hablaba de sus profundas convicciones morales y religiosas; siempre había sido una mujer honrada, buena madre y muy decente... Pero tantos rodeos daba sin llegar a contarme el sueño que tuve que interrumpirla y pedirle que comenzara por relatarme el motivo de sus preocupaciones porque no podría comprenderla de otra manera y perderíamos ambos el tiempo. Después de muchas dudas terminó por narrarme la escena en la que ella se encontraba caminando por una calle, bien peinada, maquillada, con sus zapatos de tacón y el bolso, pero desnuda. Entonces se ruborizó, bajó la mirada y quedó en silencio. Le expliqué que no tenía por qué preocuparse. El sueño no manifestaba las tendencias impúdicas que ella pensaba. Examinando las condiciones en las que dormía me dijo que su marido tenía la costumbre de tirar mucho de la ropa de la cama, durante la noche, y que casi siempre amanecía destapada. Ahí se encontraba el origen de su sueño. Cuando pudo corregir tal hecho, cambiando la forma de colocar la manta al hacer la cama, dejó de soñarse desnuda. No obstante, estuvimos tratando la excesiva importancia que había dado al sueño porque reflejaba una tensión desmesurada, debida a ciertas represiones que tenían un origen moral y que la obligaban a desarrollar un carácter extremadamente rígido y le causaba perjuicios en múltiples aspectos.

Un sueño que también puede interpretarse como resultado de una excitación sensorial externa es el de la caída. Muchas son las personas que se sienten caer en el vacío sin llegar nunca a topar con el suelo. En este caso el significado puede ser múltiple, como ocurre por lo general con todo este tipo de sueños. Pero centrándonos en la influencia que la reacción ante una percepción inconsciente y ajena al durmiente puede tener en la configuración de la escena soñada, observamos que cuando nos situamos al borde de la cama con peligro de caer o cuando un brazo o una pierna quedan fuera de los límites de ésta, nos vemos cayendo en el vacío. Esta es la forma que puede tomar el mensaje de advertencia para no caer. Y a veces rectificamos la postura también inconscientemente o nos despertamos y lo hacemos en una semi-consciencia. Yo mismo me he visto repetidamente en este caso, en especial cuando era niño y dormía en una litera. Nunca me llegué a caer de ésta. En cambio soñé en varias ocasiones que me precipitaba en el vacío y, aunque entonces no era consciente del significado de mi sueño, lo cierto es que corregía mi posición para evitarme el doloroso accidente.

Hay ocasiones en que la caída se hace efectiva por perder el equilibrio o porque se rompe la cama. En estos casos el sueño suele aportar imágenes de alguna catástrofe imaginaria que justifique el golpe real. Recuerdo que un amigo me contó que, cierta noche, se había despertado bruscamente tras golpear el somier de su cama en el suelo. Dormía en un mueble abatible cuyas patas inferiores se instalaban, una vez abierto, para sujetarlo en posición horizontal, por medio de una tira elástica. Aquella noche ésta se partió, las patas se deslizaron hacia delante y la cama perdió repentinamente su equilibrio golpeando la parte inferior contra el suelo. Metido en semejante circunstancia soñó que se lanzaba por una pista de hielo, en la ladera de un monte, sobre un deslizador. De improviso llegó a un cortante y salió volando hasta caer junto a un árbol, reduciéndose el golpe gracias a un montón de nieve sobre el cual tuvo la fortuna de caer.

Sigmund Freud, en su libro sobre *La Interpretación de los Sueños*, cita un caso que llegó a ser muy comentado en su época y que incluso dio lugar a una polémica entre varios investigadores, que publicaron sus conclusiones en la *Revue Philosophique*. Dice así: «Uno de los sueños de Maury ha llegado a hacerse célebre (pág. 161). Hallándose enfermo en cama soñó con la época del terror durante la Revolución francesa, asistió a escenas terribles y se vió conducido ante el tribunal revolucionario, del que formaban parte Robespierre, Marat, Fouquier-Tinville y demás tristes héroes de aquel sangriento período. Después de un largo interrogatorio y de una serie de incidentes que no se fijaron en su memoria, fue condenado a muerte y conducido al cadalso en medio de una inmensa multitud. Sube al tablado, el verdugo le ata a la plancha de la guillotina, bascula ésta, cae la cuchilla y Maury siente cómo su cabeza queda separada del tronco. En este momento despierta presa de horrible angustia y encuentra que una de las varillas de las cortinas de su cama ha caído sobre su garganta análogamente a la cuchilla ejecutora». Este sueño hizo que muchos se preguntaran sobre la diferencia existente entre el tiempo de la vivencia, de la representación y el tiempo real. ¿Cómo, en el corto espacio de tiempo en que sintió el golpe de la varilla sobre la garganta, pudo elaborar una escena tan amplia y compleja?

También recuerdo que una vez vino a verme un hombre calvo. Llevaba sombrero. Me llamó la atención porque hacía tiempo que no había visto a nadie con aquel antiguo utensilio capital, y simplemente no me había fijado. Cuando le pregunté en qué podía servirle, me dijo que había tratado de seguir mis recomendaciones sobre la forma de interpretar los sueños y que había logrado comprender ciertas circunstancias de su propia vida. En general se sentía agradecido. Pero había uno que no le encajaba con nada. Quería que yo le ayudara personalmente y así me dispuse a hacerlo. Me contó que una noche había soñado que se encontraba paseando por Madrid y que había olvidado su sombrero en casa. Se encontraba un poco molesto; como si fuera en paños menores. Era por la tarde; la calle por la que paseaba, pequeña. No la identificaba con ninguna en particular, pero debía tratarse de una de las del casco antiguo. De pronto salieron unos gamberros de un bar y comenzaron a meterse con su calvicie. Trató de seguir su marcha pero se lo impidieron. Y su diversión consistía en soplarle en la cabeza, desprovista de pelo, y hacer deslizarse por ella una mosca que habían matado. Llegó a sentirse muy angustiado. Tanta era su desazón que terminó por despertarse y se quedó sentado en la cama. Al hacerlo observó que la ventana estaba abierta y que el aire movía las cortinas con fuerza. Se levantó y la cerró. Sentía frío. Tomó nota de su sueño y trató de buscar inmediatamente su significado pero, por más que lo intentó, no consiguió sino desvelarse. Desde entonces había pensado varias veces en él. No se había vuelto a repetir, pero estaba convencido de que contenía un profundo mensaje. Por esta razón, dado su fracaso, buscó mi teléfono y me llamó para que yo resolviera su angustiosa intriga. Inmediatamente comprendí que no había motivo para tanta alarma. No obstante quise asegurarme de cuáles eran las conexiones fundamentales y las accidentales del sueño. Tras un prolongado diálogo llegué a la conclusión de que sufría por un cierto sentimiento de inseguridad ciudadana, pero que se encontraba dentro de los márgenes aceptables para su equilibrio psicológico. El mensaje del sueño era mucho más simple y directo: su inconsciente le advertía de que, cuando quisiera dormir con la ventana abierta, debía usar u gorro o taparse en alguna forma la cabeza para no sufrir las molestias de un resfriado. Cuando se lo dije soltó una carcajada, me dio las gracias y se marchó tranquilo.

El siguiente sueño me lo relató un joven de unos veinte años, algo tímido, sentimental y nostálgico. Se encontraba en medio del desierto. Estaba perdido y cansado. Cuando ya parecía a punto de perder toda esperanza, al anochecer, tras una duna, vió un oasis. Se puso muy contento y avanzó hacia él. Había calculado mal la distancia y tardó mucho en llegar. Debido al cansancio, el último tramo lo había hecho arrastrándose por la arena, con la ayuda de los brazos. Pero al fin alcanzó su meta. Entre la discreta vegetación del lugar distinguió el reflejo de una luz. Ya se había hecho de noche. Lo primero que hizo fue beber agua y lavarse, porque se encontraba muy sucio. Cuando sació su sed y mejoró en su disposición, se acercó al lugar iluminado, que resultó ser una tienda árabe. ¡Cuál no sería su sorpresa! En el interior descubrió a una joven muy bella vestida con sedas. Todo estaba envuelto en un ambiente dorado, por la débil luz de tres o cuatro lámparas de aceite y el reflejo de las telas y alfombras. Un penetrante olor a perfume lo embriagó de tal modo que se sintió transportado al paraíso. La hospitalaria joven, siguiendo la costumbre del desierto, lo atendió como invitado. Le ofreció comida abundante y sabrosa, lo lavó, le perfumó y le dió ropa limpia. Después de calmar su hambre y paladear un vino excelente, penetró en la aventura erótica más sorprendente y maravillosa que imaginarse pueda. Las caricias se prolongaban eternamente con el aroma de una serena pasión. La piel tersa de aquella mujer, ligeramente morena, se deslizaba con suavidad por la suya. Se movía con tanta delicadeza y sensibilidad que parecía una pluma trazando invisibles arabescos en el aire. Y aquel olor que le cautivaba... Una esclava trajo un frasco de perfume y comenzó a vertirlo, gota a gota, sobre sus cuerpos. Mientras su anfitriona le hacía experimentar el éxtasis en cada centímetro de su piel, la sirviente continuaba con su labor. Pero no comprendía el reiterado empeño en bañarlo en fragancias. Ya se encontraban completamente empapados y aquella mujer seguía insistiendo. Terminó por romper la magia del encuentro. El frasco de perfume se convirtió en una tortura. No dejaba de gotear. En ese momento se despertó. Se encontraba mojado. Desde la repisa del cabecero de su cama algo goteaba. ¡Era perfume! Se incorporó y descubrió el origen: un frasquito que había comprado de regalo el día anterior estaba volcado y ya había perdido una gran parte de su contenido.

# VII

# –LA INTERPRETACION DE LOS SUEÑOS–

## 1.- REAJUSTES DE TENSIONES INTERNAS

Solemos relacionar nuestros sueños con cuestiones espirituales, mágicas o esotéricas. Es cierto que pueden detectarse estos componentes en los mismos y que en muchos casos se obtuvieron por su mediación revelaciones sorprendentes. Pero por una cuestión de salud mental, para no caer en extrañas esquizofrenias o paranoias, conviene conocer también las raíces puramente reactivas, físicas, de las imágenes oníricas. Si no se procede en esta forma, fácilmente se incurrirá en profundos errores de interpretación. También es cierto que no se dan sueños puros con mensajes de índole espiritual o trascendental y que siempre habrán de tenerse en cuenta las múltiples influencias que en ellos concurren.

Ya se trató la influencia de los impactos externos que actúan como causa de historias, más o menos complejas, en la experiencia del soñador. Ahora reflexionaremos sobre algunos casos en los que se puede apreciar la presencia de descargas energéticas acumuladas en ciertos órganos. Los que más comúnmente intervienen son los ojos y ciertos músculos agarrotados durante la actividad cotidiana. En el primer caso, todos hemos experimentado, en estado de vigilia, la tendencia del nervio óptico a compensar los fogonazos de un *flash* u otros excesos de intensidad lumínica. Cuando, por ejemplo, nos sentimos cegados por una luz potente, después incluso de habers extinguido, es porque la retina ha recibido una excitación superior a sus cotas de tolerancia y necesita equilibrarse antes de volver a funcionar con normalidad. Por ello solemos quedar sometidos al fenómeno de una luz, inexistente fuera de nosotros, y que muestra el color complementario al que aparecía en el primer impacto. Ciertas luces blancas se compensan con reacciones azules o verdes, cuando miramos seguidamente a un lugar más oscuro. Incluso cuando la descarga fue excesivamente potente, un medio iluminado se teñirá también por completo del color inverso. Y si alguno no lo hubiera experimentado aún, le invito ahora a contemplar durante treinta segundos una bombilla encendida, para mirar seguidamente alguna superficie oscura y mate o cualquier rincón sombrío. Este es el fenómeno ejemplar que nos permitirá comprender lo que ocurre con los sueños producidos por una excitación sensorial interna. La imagen que aparece en la segunda fase del experimento no está producida por ninguna causa ajena a nosotros mismos sino por la necesidad de reajuste de nuestros ojos.

## 2.- UN SUEÑO FRONTERIZO

Con este apelativo me refiero a aquellos sueños que se producen antes de perder completamente la consciencia, cuando intentamos dormirnos. Una noche, después de haber estado estudiando durante seis o siete horas continuadas, bajo la luz potente y blanca de mi lámpara, me acosté con los ojos muy fatigados. Ya en la cama, con los párpados pesadamente caídos sobre los globos oculares, seguía viendo la imagen del libro y las hojas de apuntes ante mí. Estaba cansado, pero no podía dejar de pensar en las intrigas, luchas y conflictos en que se debatían los personajes de la historia. De los recuadros surgían caballeros armados, metidos en beligerantes disputas. Todos sus estandartes, escudos y vestimentas contenían rayas horizontales oscuras y claras. En ocasiones hacían referencia a estas formas y colores y advertían que por ellos luchaban. Inmediatamente me puse a pensar, puesto que aún no estaba dormido, en que mi subconsciente quería mostrarme una clave oculta de la historia. Abrí los ojos. El diseño de los pendones se mantenía con claridad, contrastando con la negra sombra de la noche. Volví a mi escritorio para dibujarlos e investigar posteriormente sobre ellos. Pero me encontraba muy cansado. Mantener los párpados levantados me suponía un esfuerzo casi imposible. Me senté. Todo estaba tal y como lo había dejado. Los libros, los esquemas, los apuntes, cubrían la mesa. Cogí un folio en blanco y comencé a plasmar las imágenes del sueño. El cuerpo a duras penas respondía a mis propósitos. Una de las veces en que quedé paralizado y vencido por el abatimiento, con los ojos medio cerrados, percibí algo curioso: los trazos, por medio de los cuales estaba empeñado en retener mis ensueños, reproducían exactamente lo que veía en este momento sobre mi escritorio, desde distintos ángulos. Abrí por completo las ventanas de mi adormecimiento y volvieron a aparecer los libros, esquemas y apuntes. De forma voluntaria, recuperé la condición precedente en mi mirada; allí estaba la misteriosa clave oculta. Los estandartes no eran más que la reacción ante la sobrecarga de tensión ocular. Se habían convertido en guerreros, uniéndose a los contenidos elaborados por mi imaginación, apoyados en el relato histórico que era tema de mi estudio. Con una sonrisa dejé bolígrafo y papel. Estrujé este último con delicadeza y encesté el producto en la papelera. «¡Una clave oculta de la historia!» -pensé. Y me fui a dormir riéndome de mí mismo por mi manía de ver grandes símbolos y mensajes por todas partes.

## 3.- DESPERTAR ENTRE RETRETES

Otro  sueño ilustrativo de este tipo de reajuste de tensiones internas es el que, en una ocasión, me contó un cliente. Tenía la costumbre de apuntar,  nada más despertar,  todo lo  que recordaba. Aquel día sus notas hablaban de retretes. Lo primero que conservaba en su memoria era que se encontraba en el de su casa y que le llamaban. En el recibidor  le esperaba un hombre bien vestido y con una cartera en la mano. Le saludó, llamándole  por su nombre,  y le mostró un catálogo muy bien ilustrado.  Estuvieron hojeándolo  con detenimiento, mientras le explicaba las características y ventajas de sus productos. Era representante de una fábrica de  inodoros.

Seguidamente  se  veía corriendo por un pasillo largo. Parecía que alguien le perseguía. Finalmente llegó a una puerta, la abrió y penetró en una gran sala. Se trataba de  una especie de aseo comunitario,  abundantemente  provisto  de «tazas de eva-cuación», sin tabiques ni puertas. No había nadie en aquel lugar, que le producía una sensación particular de amplitud y magni-ficencia.  Comenzó a correr en zig zag por  entre la larga fila de inodoros de diferentes colores. Le  resultaba divertido. Pero una de las veces tropezó y se cayó al suelo, golpeándose fuertemente en el vientre.  Sintió un   gran dolor y se despertó. Como dato curioso anotó que lo primero que hizo al levantarse fue ir al servicio. Eso le alegró porque llevaba varios días estreñido. Y finalmente me confesó, sin darse cuenta, la clave de su sueño: antes de acostarse había tomado una infusión laxante, que produjo sus efectos al amanecer. Al pretender interpretarlo desde referencias que se alejaban de su realidad inmediata, no encontraba su sentido. Y afortunadamente fue así. De otro modo podría haber llegado a conclusiones falseadas que, en lugar de ayudarle a solucionar sus problemas, le hubieran podido causar más. En todos estos análisis es de vital importancia poner en relación las imágenes suscitadas en la actividad onírica con las preocupaciones, inquietudes o deseos que se encontraban en el ánimo del soñador cuando se dispuso a dormir.

La aparición continua de inodoros era la representación de sus deseos de solucionar el estreñimiento y el anuncio de que tal hora se encontraba próxima. El recorrido por el pasillo largo estaba simbolizando lo que de hecho ocurría en su intestino, que es un prolongado pasadizo donde actúa el laxante obligando a movilizar los residuos digestivos retenidos. Y finalmente la puerta que conduce al gran retrete es la preparación de lo excrementable en el colon donde, tras los últimos «recorridos en zig zag», alcanza el aviso del dolor de vientre, justificado por una caída, que le hace despertar e ir al servicio.

## 4.- POLUCIONES NOCTURNAS

Hay otros sueños, muy típicos entre los jóvenes, que se inscriben con toda claridad dentro de esta catalogación. Se trata de aquellos que surgen asociados a las expulsiones involuntarias de semen durante la noche. Este recurso fisiológico, que pretende mantener el equilibrio entre la producción y almacenamiento de tal substancia, suele darse en los muchachos adolescentes, en quienes el organismo despierta a las funciones sexuales. Y junto a éstas, como es natural, desarrollan una gran curiosidad por conocer e iniciarse en el erotismo y las relaciones íntimas con el sexo opuesto. Si a todo ello se unen sustanciosas dosis de timidez, generadas en muchas ocasiones por conductas patológicas en los padres, lacras culturales o morales, se producen unas condiciones óptimas para la tensión o producción excesiva de semen, por una sobreexcitación sexual, que da lugar a tales poluciones nocturnas. En estos sueños, por tanto, se dan cita diferentes elementos en su origen. Pero en esta ocasión me referiré tan sólo al reajuste de una tensión interna de orden fisiológico.

La descarga seminal suele relacionarse con el placer sexual en el hombre. Esto no es del todo cierto, pero no trataré sobre ello en este momento. Partiendo del hecho de que tal premisa se encuentra muy difundida en nuestra cultura, se explica fácilmente que al producirse una presión excesiva en los depósitos seminales éstos tiendan a descargarse reproduciendo imágenes oníricas del coito o de cualquier otro tipo de experiencia sexual que en nuestra memoria se encuentre asociada a tal expulsión de semen. En estos casos, las imágenes no serán necesariamente significativas. Puede tratarse de cualquier persona que hemos visto físicamente o en fotografía durante el día, aunque no tengamos ningún tipo de relación con ella. El hecho de haber seleccionado una en particular no quiere decir que despierte en nosotros un interés profundo sino que actúa como reflejo condicionado. Para avanzar en el estudio arquetípico de los sueños sería conveniente no utilizar los que se produzcan en estas circunstancias. Y en el caso de que se repitieran muy a menudo estarían poniendo de manifiesto algún tipo de trauma o problema sexual que convendría tratar lo antes posible, antes de que se convierta realmente en una patología más grave.

# VIII

## –LA INTERPRETACION DE LOS SUEÑOS–

## 1.- SUEÑOS DE AUTOSATISFACCIÓN

Para Sigmund Freud los sueños tenían como misión fundamental servir de válvula de escape a los deseos insatisfechos. En esta ocasión será ésta nuestra hipótesis de partida aunque, como ya he dicho otras veces, particularmente entiendo el mundo de los sueños desde una perspectiva mucho más amplia. Me parecen más ricos los planteamientos de C.G. Jung que los de S. Freud.

Pero pasemos a contemplar un esquema que nos sirva como marco teórico para la comprensión de nuestros sueños de autosatisfacción, para continuar después con una serie de ejemplos.

Uno de los factores actuales que inciden en la vivencia de nuestras crisis emocionales y afectivas es el exceso de información. Nos encontramos sometidos a un bombardeo continuo de mensajes de muchos tipos, estudiados para captar nuestra atención y potenciar extraordinariamente ciertos deseos o impulsos naturales. Ante ellos hemos desarrollado una conciencia selectiva que nos hace atender, únicamente, requerimientos inmediatos. Cuanto mayor es la información entre la que nos movemos, más estricta es la selección de lo captado. Tal cuadro da lugar, esquemáticamente, a tres tipos de archivos de la información: lo percibido en forma completamente ajena a la conciencia y que puede actuar como mensaje subliminal, lo rechazado por nuestra disposición selectiva y lo aceptado.

Los mensajes subliminales se convierten en pulsiones inconscientes, utilizando la terminología freudiana. Y tales pulsiones pueden llegar a desarrollar en nosotros emociones o deseos contrapuestos, especialmente relacionados con la sociedad de consumo, cuando en ésta nos desenvolvemos. En cuanto a los mensajes rechazados por nuestra conciencia selectiva, no siempre encuentran una fundamentación para el rechazo. La mayor parte de las veces éste se produce en base a prejuicios, sobrecargas de la atención o cansancio. Y, en el caso de los prejuicios, también éstos se alimentan con pulsiones o mensajes olvidados en el inconsciente y que entraron allí sin análisis ni valoraciones previas. Con referencia a los mensajes aceptados conscientemente se pueden destacar dos grupos: los digeridos y los tragados, utilizando términos de F.S. Perls. Los primeros son aquellos que han sido razonados, probados, para justificar su derecho de admisión y los segundos son los que llegan con recomendaciones, saltándose el análisis previo de selección.

Los mensajes informativos se convierten en agresiones cuando el bombardeo es tan grande que no tenemos tiempo para digerir o considerar mínimamente lo que se nos propone. Y es evidente que este caso se da muy a menudo, especialmente en las grandes ciudades. Estas indigestiones acumuladas van produciendo un fondo de malestar psicológico, susceptible de somatización, que llegará a abordar la consciencia en forma de crisis, tensión, stress o depresión. Pero antes de desbordarse en una sintomatología patológica, a través de los sueños se pondrán en marcha una serie de reacciones con el propósito de restablecer el equilibrio perdido. Así llegamos a los sueños de autosatisfacción, que aparecen como tabla de salvación para evitar mayores desastres, aunque no siempre operan como remedio suficiente.

## 2.- LA FRUSTRACION DE IMPULSOS

Es de todos conocido, y tal vez debería decir sufrido, que uno de los estímulos utilizados habitualmente en la publicidad es el sexual. A la mayor parte de los productos ofertados para nuestro consumo se le asocia en la actualidad una imagen, masculina o femenina, envuelta en un ambiente que estimula nuestros más elementales impulsos sexuales. De esta manera se vincula una mercancía, que ordinariamente escapa a nuestras necesidades primarias, con algo que tiene un gran peso específico: el sexo. Pero la manipulación publicitaria que se ejerce para excitar nuestros deseos, por medio de la imagen y el sonido, se sale tanto de nuestra cotidianidad que produce, de hecho, una gran cantidad de frustraciones en nuestras relaciones sexuales, por la práctica imposibilidad de encontrar estímulos reales que satisfagan adecuadamente el intenso deseo suscitado por la artificialidad propagandística. Y así ocurre que terminamos soñando, dormidos o despiertos, con mantener relaciones con los o las modelos, actores o actrices.

Recuerdo que, en una ocasión, vino a verme una mujer de unos cuarenta años que presentaba una gran insatisfacción sexual, lo cual había puesto en un momento muy crítico la convivencia con su marido. Ella se confesaba muy enamorada. Siempre se habían entendido muy bien y continuaban haciéndolo en todo lo demás. Pero últimamente no podía evitar estar constantemente comparándole con uno de los actores de moda, cuyo nombre me dijo y he preferido olvidar. Naturalmente, ella no se había atrevido a confesar tal enamoramiento a su pareja; en cierta forma le parecía ridículo. Pero todas las noches, sin falta, tenía una cita onírica tan intensa que no soportaba las reales que se le requerían.

Nada más acostarse, al apagar la luz, sentía aproximarse a su bello actor envuelto en sábanas de seda. Su fuerza, ternura, elegancia y esa encantadora sonrisa, la subyugaban. Era sencillamente irresistible. Toda la noche retozaba entre sus brazos, en mansiones y paisajes idílicos. Y cuando, por ventura, rozaba el cuerpo real de su desconcertado compañero lo rechazaba con desagrado y repugnancia por su vulgaridad, su sudor, sus michelines y su cansancio. No obstante, tampoco podía conformarse con su amante onírico. Necesitaba hacerlo real. Con tal propósito se pasaba el día en una búsqueda imposible de su fantasma.

Situaciones como la descrita se dan demasiado a menudo. Estos sueños de autosatisfacción, alimentados continuamente por las imágenes ficticias de la publicidad o las películas, sitúan a muchas personas al borde mismo de la esquizofrenia. Incluso, para quienes no saben poner remedio a tiempo, puede suponer la precipitación en un desequilibrio mental grave.

# 3.- MECANISMOS PARA EL EQUILIBRIO PULSIONAL

Pero no todos los sueños de autosatisfacción se encuadran dentro de las características del ejemplo anterior. Expondré a continuación otros casos menos extremos y que incluso suponen una necesidad de satisfacer deseos no aceptados.

El primero es el de un joven profesor de formación profesional, muy tímido y apocado, que solía soñar con que daba una soberana paliza a puñetazos a tres gamberros que no hacían más que ridiculizarlo en clase. Cada mañana, después del sueño, se proponía mostrarse duro y no permitir a nadie que se volviera a burlar de él. Pero el viaje en autobús, para llegar al Instituto, le iba haciendo perder la euforia del despertar. Cuando llegaba al aula volvía a sentirse tan encogido y apocado como todos los días. A veces quería imponerse, pero las palabras no acertaban a pasar el nudo de la garganta. En este caso, el sueño de autosatisfacción le permitía levantar el ánimo, aunque sólo fuera durante breve espacio de tiempo. Era no obstante lo suficiente como para evitar desplomarse en una profunda depresión.

Un adolescente me contó una serie de sueños en los que se veía volar y dar grandes saltos, muy superiores a lo normal. Incluso llegaba a explicar en el transcurso de los mismos a quienes le miraban la técnica de sus desafíos a la gravedad. Y no podía encontrar ningún tipo de explicación lógica que justificara aquella insistencia en las imágenes oníricas. Aparentemente no tenía ningún deseo de volar porque, como es natural, le resultaba evidente que los seres humanos no podemos hacer tal cosa, a no ser con la ayuda de los bien conocidos artilugios mecánicos elaborados en nuestro siglo con ese fin. Pero en realidad se trataba de un sueño de autosatisfacción, de una respuesta inconsciente ante el deseo profundo de libertad e independencia que experimentaba y que no terminaba de admitir completamente. Por una parte había acariciado, en ciertas ocasiones, la idea de irse a vivir solo, fuera del hogar paterno. Sin embargo no se había atrevido nunca a considerarlo con seriedad ni, por supuesto, había hecho nada al respecto. Le resultaba más sencillo dejarse mantener y cuidar por su madre que asumir las responsabilidades del individuo adulto.

Otro sueño de autosatisfacción consiste en verse rodeado por grandes personalidades del mundo de la política, los negocios, la intelectualidad o el arte y manteniendo con ellos un trato familiar de diálogo, cuando esto no corresponde en absoluto con la vida real. Por este medio se trata de suplir un cierto complejo de infravaloración o falta de estima personal.

# IX

# –LA INTERPRETACION DE LOS SUEÑOS–

## 1.- SUEÑOS DE SATISFACCION REAL

Recordemos el esquema que nos servía de marco teórico para los sueños de autosatisfacción. En él se presentaba al individuo humano inmerso en un medio, llamado mundo, de donde recibía una serie de impactos sensoriales. Estos, al rebasar los límites de su capacidad de comprensión y asimilación, se convertían en agresivos y producían ciertos desajustes, ansiedades y frustraciones. Los sueños de autosatisfacción, como primera respuesta inconsciente, proporcionaban un cierto alivio subjetivo. Y cuando se quedaba ahí y no había ningún tipo de respuesta voluntaria consciente para satisfacer el deseo, suponía un riesgo de esquizofrenia, que pudiera enquistarse como una enfermedad mental grave, al sobrepasar ciertas cotas del dinamismo psíquico.

En los sueños de satisfacción real tal riesgo desaparece porque conllevan siempre una contrapartida de actividad voluntaria, en la que realmente se soluciona y satisface el deseo o frustración que se encontraba en su origen. Suponen un primer paso, una puerta abierta para la solución del problema o situación conflictiva, que capacita para una actividad práctica, en cuya consecución se obtiene la satisfacción completa del impulso. Pero, naturalmente, sin este segundo paso, sin su ejecución definitiva, se quedaría en un sueño simple de autosatisfacción. La diferencia con los de esta última clase se encuentra en que la resolución es casi inmediata, o por lo menos dota de una carga emocional tan fuerte que es capaz de superar cualquiera de los obstáculos habituales.

Son muchos los ejemplos que encontramos en la historia sobre este tipo de sueños, especialmente entre los grandes descubridores, investigadores o genios. Se puede recordar el famoso caso de Einstein quien, en una experiencia onírica, contempló cómo una bruja volaba sentada en su escoba a la velocidad de la luz y todos los objetos del espacio quedaban detenidos a su paso. De ahí surgió su idea de un universo constituido por distancias y velocidades relativas, cuya única constante era la velocidad de la luz. Es cierto que no todas las personas, ante la misma escena, hubiéramos sacado semejante conclusión. El valor fundamental del sueño se encontraba en la forma de interpretarlo. Pero ésta a su vez estaba ligada a la formulación del problema que Einstein había planteado en su mente. Y para ello, como todos sabemos, se requiere un conocimiento científico adecuado. La solución se encontraba ya implícita en las claves de su cuestión; el sueño mostró únicamente la síntesis que se correspondía con la satisfacción de sus deseos.

## 2.- SUEÑOS DE SATISFACCION INTELECTUAL.

Antes de proseguir con más ejemplos, nos será conveniente distinguir una clasificación que puede hacerse aún dentro de los sueños de satisfacción real. Se trata de los sueños de satisfacción intelectual. En ellos se obtiene la solución de un problema técnico, plástico o formal como el caso de Einstein que acabo de citar. Se da en personas que mantienen una gran actividad mental rigurosa, como ocurre con investigadores científicos, artistas o filósofos. Pero, para no perdernos entre abstracciones y consideraciones excesivamente teóricas, veámoslo a través de un caso concreto.

De poco nos sirve a los simples mortales que andamos sobre el asfalto y nos flagelamos diariamente con la amuermante monotonía de la rutina, contemplar las maravillosas experiencias oníricas de los genios. Pero quiero aclarar que si alguno de éstos tuviera, por ventura, interés en aclarar sus sueños será para mí un honor atenderlo en consulta personal. Y por ello, rompiendo ciertos moldes acostumbrados con abuso, ejemplificaré la acepción presentada con un recuerdo más cercano.

El 19 de octubre pasado recibí a un cliente que, a cambio de conservar su anonimato, me ha autorizado a publicar su caso. (Hecho que agradezco desde estas páginas en nombre propio y en el de todos los lectores a los que servirá de ayuda y orientación). Manolo, que es el nombre ficticio que usaré para referirme a él, es un hombre preocupado por el autoconocimiento. En tal labor lleva invertidos ya unos diez años de su vida, siempre de manera informal y autodidacta; su relación conmigo comenzó hace pocos meses. No me extenderé en describir su interesante proceso de autosuperación; no es éste el momento adecuado. El día ya citado vino para comentar conmigo el sueño que había tenido la noche anterior.

«Me encontraba atravesando una pradera húmeda, en un ambiente neblinoso. Sentía el chapotear del agua bajo mis zapatos. Poco a poco al sonido de la hierba encharcada se unió el de las hojas secas. Entonces me di cuenta de que me adentraba en una alameda. Por entre los árboles, al fondo, distinguía un pequeño lago. Un riachuelo lo alimentaba y comprendí inmediatamente que una compuerta retendría la corriente para producir aquella bella estampa. Miré a mi izquierda sin ninguna razón aparente y descubrí un cartel clavado en el tronco de uno de los árboles. En él pude leer: la conciencia es un lago alimentado por el pequeño río de la experiencia. Me resultó curioso. Sonreí y seguí avanzando. Unos cuantos árboles más allá, a mi derecha, encontré un segundo cartel: el agua de esta represa mueve una turbina para producir electricidad. Esta información parecía perfectamente normal y lógica. Iba a proseguir mi ruta cuando me di cuenta de que tenía la frente mojada. Saqué el pañuelo del bolsillo para secarme y me quedé sorprendido al observar que tenía algo escrito: la solución está en tus manos. Allí terminó el sueño y me desperté. Fue una experiencia muy clara y me levanté inmediatamente para escribir todos sus detalles. Miré el reloj: eran las tres de la mañana. Intenté reflexionar sobre el simbolismo... pero estaba cansado. Volví a la cama y me quedé dormido de inmediato».

Procedimos a interpretar el sueño según el método expuesto en repetidas ocasiones, que consiste en ir encontrando el significado oculto de cada símbolo por separado para reunirlos posteriormente en una lectura conjunta que tenga en cuenta las abstracciones intelectuales, las relaciones formales y las sensaciones asociadas. (Para más detalle, ver los pasos descritos en el siguiente capítulo). Una vez hecho esto encontramos la traducción clara de este sueño de satisfacción intelectual:

La pradera húmeda, por la que Manolo se veía caminando, representaba el estado emocional en el que se encontraba en el progreso hacia el conocimiento de sí mismo. El ambiente neblinoso eran ciertas dudas que había encontrado y sobre las que reflexionaba sin haber hallado aún una solución clara. Las hojas secas que iban apareciendo a su paso eran ciertos recuerdos nostálgicos que debía superar para seguir adelante. Esto no le suponía ningún tipo de traumatismo. Aquellas experiencias vividas le resultaban agradables. A pesar de todo, se habían convertido en un pequeño problema porque dispersaban su atención y le impedían concentrarse correctamente en los planteamientos sobre los que meditaba. Al descubrir los árboles, los argumentos racionales o estructuras de conocimiento comenzaban a estar más claros. Y tras ellos, el lago, mostraba un estado emocional mejor consolidado que a su vez, como indicaba el primer cartel, constituía el asentamiento de su conciencia. El riachuelo eran las diferentes experiencias de la vida que, en su discurrir temporal, eran alimento de su conocimiento. En el segundo cartel se mostraba la capacidad productiva, la potencia transformadora de su mundo, que el conocimiento adecuadamente canalizado suponía. Y por último llegaba a la reafirmación personal. «En sus manos estaba» aprovechar mejor sus conocimientos para resolver sus dudas, temores o sufrimientos. Nadie iba a darle ninguna solución mágica. Sus problemas provenían de un exceso de consideraciones teóricas y quedarían resueltos en el momento en que experimentara de forma práctica.

Al terminar de interpretar el sueño me confesó que, según le hablaba, había visto con claridad a una persona a la que desde hacía tiempo quería decirle algo y siempre se había puesto excusas para hacerlo. Tales aplazamientos se relacionaban con ciertos prejuicios o temores que sentía a la hora de expresar sus sentimientos. Pero ahora quedaba todo claro. Ya sabía exactamente lo que tenía que decir, lo puso por escrito, y se lo comunicó a la persona en cuestión aquella misma tarde.

# X

# –GUIA PRACTICA PARA LA INTERPRETA-CION DE LOS SUEÑOS–

## 1.- EXPLICACION INTRODUCTORIA

En primer lugar, como ya dije en repetidas ocasiones, depender de un diccionario para interpretar los sueños conlleva múltiples riesgos. Quiero salir al paso de los mismos con estas notas introductorias, procurando así ofrecer una guía verdaderamente útil y sincera que, en todo momento, tenga presente el libre albedrío de cada persona y el respeto hacia su propia forma de entender y conformar su mundo. Las explicaciones de cada símbolo han sido redactadas teniendo esto en cuenta y dejando siempre abierto el campo para una interpretación más personalizada. Sin esta última, el mensaje del sueño no nos sería de gran utilidad.

Recomiendo encarecidamente la lectura atenta de las consideraciones que siguen a esta introducción. Sólo cuando hayan sido adecuadamente comprendidas podremos esperar algún beneficio en la tarea de interpretar nuestros sueños. Me dirijo a personas adultas y sensatas, abiertas a una comprensión amplia de la vida y en especial del mundo psíquico, pero alejadas ya de supersticiones, ingenuos temores y mágicos oscurantismos. Aprender a vivir plenamente, desde todos los diversos ámbitos de nuestra personalidad, conscientes o inconscientes, nos proporcionará grandes ventajas y la ocasión de disfrutar y dominar las múltiples circunstancias de nuestra existencia. Y a todos deseo que alcancen, en la forma que consideren más oportuna, la dorada meta, el áureo secreto, de la felicidad humana, aquí y ahora.

Que nadie pretenda, sin embargo, encontrar la totalidad de símbolos que pueden aparecer en los sueños; esto, sencillamente, es imposible. He procurado reunir muchos más términos de los que se incluyen en otros diccionarios y tratarlos a su vez con más rigor y asepsia. Considérese, no obstante, este trabajo como una invitación a que cada cual continúe enriqueciendo el suyo propio.

## 2.- LOS SUEÑOS Y LAS ARTES ADIVINATORIAS

Tradicionalmente se ha conectado el mundo de los sueños con las artes adivinatorias. Desde lejanos tiempos ha sido éste un campo fértil para magos, videntes y profetas. Hoy en día no sólo lo es para estas personas sino que también la ciencia, a través de la psicología, pone el caudal onírico en posición privilegiada para conocer la problemática, los deseos, esperanzas y posibilidades proyectivas que hacia su vida tienen todos y cada uno de los individuos humanos.

La razón de la conexión entre los sueños y el futuro es sencilla. Aquellos nos hablan de los contenidos pulsionales inconscientes, de las ocultas potencias, por donde encauzamos nuestras vidas ante el reto de posibilidades que el porvenir nos lanza. Sabiendo interpretar tales mensajes obtenemos una indicación clara de lo que nos preocupa e interesa en lo más profundo. Y esa es la voluntad de poder de nuestra existencia individual. Dadas las características particulares de nuestra estructura biológica, de nuestra cultura y de las experiencias adquiridas, además de otras inclinaciones espirituales, nos encontramos con requerimientos, tendencias y deseos involuntarios que nos llevarán a tomar una serie de decisiones y a ejecutar los actos correspondientes. Así vamos conduciéndonos por este devenir vital, por el proceso temporal de nuestra edad, y forjando el camino que será, inexcusablemente, nuestro y sólo nuestro.

Las artes adivinatorias consisten en una captación de nuestros ocultos deseos y esperanzas. Estos, en un fugaz instante posterior, se vislumbran proyectivamente aplicados al sendero de nuestra temporalidad. Para ello se requiere sensibilidad y habilidad en la observación de nuestras más mínimas conductas y formas de pensar e imaginar, unido todo a una gran dosis de sentido común o lógica natural. Los videntes, adivinos y profetas, cuando son mínimamente serios, realizan todo este proceso con una gran rapidez, debido al entrenamiento de la intuición a través de su hemisferio cerebral no predominante (el derecho para los diestros).

En el caso de los sueños se pone rápidamente en conexión el contenido de los mismos con la forma de relatarlos, la apariencia física del sujeto, su manera de vestir, de pensar y los datos biográficos de que se disponga. A todo ello se suele unir también la interpretación realizada por el propio consultante. Con todo este material se pueden obtener conclusiones muy claras y concretas, ya sea por medio del uso de la intuición (visiones y sentimientos de la vida pasada y futura) o por el del análisis racional. La primera forma ha estado relegada a los santos, profetas o adivinos y ha sido puesta en duda en numerosas ocasiones, por la falta de escrúpulos y los engaños de muchos farsantes. Ha habido pseudo-adivinos que, sin un desarrollo real de sus facultades psíquicas, simplemente memorizaban algunas claves de la tradición oniromántica o de las supersticiones populares para sorprender con ellas, entre trucos dramáticos, a sus ingenuos clientes. La segunda fórmula válida para la interpretación es la que, a partir de S. Freud, se ha asociado al psicoanálisis y se esfuerza en aportar el rigor del método científico. No obstante, el buen psicólogo debe tener capacidades manifiestas tanto en cuanto a la observación y análisis racional como a la captación intuitiva. Y tales cualidades lo convierten, como C. G. Jung decía, en el moderno gurú occidental.

Como conclusión observamos que las artes adivinatorias, considerando la interpretación de los sueños u oniromancia como una de las más destacadas, siguen teniendo su lugar en nuestra sociedad actual. Pero hoy, más que nunca, se ha de tener precaución. Porque en nuestros días, debido a la masiva divulgación de todos los temas, han surgido muchos falsos profetas que, en ocasiones, infringen, con toda la buena voluntad de su ignorancia, daños irreparables en sus ingenuas víctimas.

## 3.- POR QUE SE CUMPLEN LAS PROFECIAS

Para muchos resulta asombrosa la capacidad que tienen algunas personas de adivinar su futuro. Se maravillan al comprobar que el ochenta, noventa o incluso el cien por cien de las predicciones, recibidas en una consulta profesional, se cumplen. Pero no habría que extrañarse tanto. Es lógico que se cumplan. Cuando alguien acude a una consulta y paga una cantidad determinada de dinero por ella, especialmente si es alta en relación con su nivel de vida, está manifestando varias cosas:

3.1. Que tiene dudas y no ve claro el camino a seguir o alguno de sus aspectos; necesita una orientación de sentido.

3.2. Que le falta confianza para afrontar sus responsabilidades y necesita una retro-alimentación, que reduzca la sensación de insoportables que sus cargas morales, psicológicas o sociales le imponen; intenta eludir las responsabilidades de su libre albedrío.

3.3. Al hacer un gran esfuerzo, representado por el dinero estipulado como coste de la sesión, espera hacerse merecedor de ahorrarse sufrimientos de algún orden; pretende convertir el dolor imaginario en concreto para reducirlo y superarlo.

Estas tres condiciones del cliente, por sí mismas, favorecen el cumplimiento del pronóstico, aunque éste no fuese correcto. Cuando necesitamos que alguien nos diga lo que hemos de hacer, qué camino tomar, y no nos cabe duda de lo acertado del consejo, lo cual queda avalado por el prestigio de la persona consultada, cualquier indicación se convierte inmediatamente en meta y es asumida con la totalidad de nuestro ser. Es decir, recibimos una sugestión directa, en actitud totalmente abierta a ella, que determinará nuestras acciones involuntarias. O, en términos behavioristas, nos han reforzado en una conducta determinada. Cuando se sabe hacia dónde ir es más fácil ponerse a caminar. Queda satisfecho lo denotado en el punto 3.1. No importa si, objetivamente hablando, aquella era la mejor solución, porque se ha convertido en la única o superior. Esto nos permite eludir nuestras responsabilidades, parcialmente al menos, dando cumplimiento al requisito que expresaba en el punto 3.2., puesto que si sale mal tenemos un chivo expiatorio. Por tal razón algunas personas encuentran un trágico final a manos de sus consultantes. Quienes por una problemática psíquica grave acuden al adivino, parapsicólogo, psicólogo o psiquiatra esperando ver por este medio erradicada su naturaleza oscura, que consideran diabólica, y no lo consiguen, pueden llegar al asesinato creyendo que así exorcizan el mal de sus vidas. Sería una especie de sacrificio ritual. Pero si el poder o la capacidad terapéutica del profesional correspondiente es grande, la orientación tiene éxito y tan sólo requeriría eventualmente otros reforzamientos posteriores o seguimiento del tratamiento iniciado. Por último, el hecho de pagar un precio elevado por la sesión puede ser decisivo porque todos, en el fondo, nos negamos a reconocer que hemos acudido voluntariamente a que nos estafen. Constituiría una declaración pública de estupidez. Además, el esfuerzo realizado nos permite dar más valor a una acción, como bien saben los psicoanalistas. Y tendríamos satisfecha de esta manera la última condición presentada en el apartado 3.3.

## 4.- LA INTERPRETACION DE LOS SUEÑOS COMO PROFECIA PERSONAL

Una vez apuntadas las características básicas del codicia-dísimo don de la profecía, procuraré situar las condiciones aplicables al ejercicio del auto-pronóstico. Pretendemos alcanzar, en primer lugar, un conocimiento real de la auténtica dimensión de nuestras preocupaciones y problemas. Seguidamente, anali-zar todas las fuerzas con que contamos, así como la situación de partida, para resolverlo. Después nos plantearemos la viabi-lidad de las soluciones posibles y por último utilizaremos todos los medios a nuestro alcance para conseguirlo. Como ya vimos, los sueños tienen mucho que decir en todo este proceso. Se-guidamente esbozaré una pautas que pueden ayudarnos en el logro de la mayor eficacia.

4.1. Cuando nos sentimos mal o algo nos preocupa se pro-duce una correspondencia inmediata en la actividad onírica. Si tenemos la costumbre de apuntar nuestros sueños o los recorda-mos por cualquier otro medio, observaremos que algunos se repiten, al menos parcialmente. Lo primero que deberemos hacer es:

4.1.1. Detectar estos mensajes reiterados.

4.1.2. Relacionarlos entre sí.

4.1.3. Situarlos temporalmente.

4.1.4. Conectarlos con nuestras vivencias objetivas inmediatas a cada uno de ellos.

4.1.5. Interpretar sus símbolos.

4.2. En la interpretación distinguiremos tres partes:

4.2.1. Pensaremos en cada símbolo por separado y referido al conjunto total, anotando en cada ocasión todo lo que se nos ocurra, por disparatado que parezca.

4.2.2. Posteriormente nos ayudaremos del diccionario y repetiremos lo anterior partiendo de las indicaciones de éste.

4.2.3. Finalmente uniremos los dos tipos de anotaciones y comenzaremos a establecer relaciones hasta que lleguemos a un mensaje coherente.

4.3. Lo anterior nos permitirá plantear el problema. Una vez identificado, comenzaremos a buscar su solución. Para ello:

4.3.1. Antes de dormir, pensaremos en él con la confianza de que durante el sueño surgirá la clave oculta que nos permita superarlo.

4.3.2. A la mañana siguiente anotaremos con cuidado el sueño o los sueños hallados al acostarnos con ese propósito.

4.3.3. Si no se recordara ningún sueño se repetirá el procedimiento hasta que lo logremos.

4.4. Este último relato onírico se pondrá en relación con los demás y luego se procederá a interpretar la nueva serie, como se indicó en el apartado 4.2., pensando esta vez en descubrir la clave oculta de la solución.

4.5. Al alcanzar la respuesta buscada se convertirá en profecía personal, que se cumplirá sin duda por aplicársele también las condiciones señaladas antes (punto 3).

4.5.1. Tendremos una nueva orientación de sentido para nuestra vida.

4.5.2. Compartimos la responsabilidad de nuestra existencia con la totalidad de nuestro ser (consciente e inconsciente) con la particularidad de que en lo más profundo de nosotros mismos se encuentra el arquetipo de la unidad, el ser, la divinidad, que a su vez conlleva toda la energía del universo, encerrada físicamente en nuestra estructura subatómica.

4.5.3. Aquí nos pagamos a nosotros mismos con la dedicación y el esfuerzo empeñado en la labor de análisis e interpretación. Estamos seguros de que no nos hemos auto-estafado. Conocemos el proceso y lo valoramos adecuadamente.

# 5.- COMO UTILIZAR ESTE DICCIONARIO DE SUEÑOS.

Una vez escrito el sueño correspondiente iremos mirando cada una de las palabras o expresiones sinónimas y anotando lo que en la explicación nos resulte más significativo para la ocasión. Habrán de tenerse en cuenta no sólo los aspectos formales de la estructura lingüística, las imágenes o mensajes del sueño, sino también los sentimientos que provocan en nosotros. Partiendo de las sugerencias que el diccionario nos ofrezca, deberemos esforzarnos en ampliar el significado de cada símbolo según las correspondencias que hayamos establecido.

Ha de tenerse en cuenta que algunas partes del sueño pueden ofrecer un sentido interpretativo directo, literal. Estas, naturalmente, no será necesario consultarlas en el diccionario. Podremos identificarlas si entendemos que en los sueños se da un proceso fundamental de archivo de vivencias. Todos aquellos signos oníricos que no despierten en nosotros ningún sentimiento o emoción particular deberán ser leídos al pie de la letra. Antes de proceder a una interpretación simbólica será imprescindible asegurarse de si la imagen tiene o no una carga afectiva, vital, y de qué tipo es.

No se ha de partir de ninguna opinión preconcebida sobre el sueño que se pretende analizar, tanto en la fase de libre asociación espontánea como en la efectuada partiendo de la lectura de los símbolos en el diccionario. Este es un defecto ampliamente difundido, tanto entre los intérpretes racionalistas de los sueños, como los apegados a tradiciones populares y ocultistas. En su esfuerzo por ser plenamente objetivos, científicos, aplican los primeros al relato onírico lo que algún texto en particular o alguna escuela, como en el caso del psicoanálisis freudiano, les ha transmitido. Los segundos prejuzgan desde ciertas perspectivas supersticiosas, sin someterlas a la más mínima crítica. De esta manera se sitúan a la misma altura los unos y los otros. Se trata de investigar y analizar el sueño tal y como se presenta en la experiencia del soñador, la nuestra, como acostumbra un niño a ver las cosas, sin prejuicios.

Tampoco debemos asustarnos o velar pudorosamente los sueños, por inmorales, crueles o espantosos que parezcan. Hay una cierta tendencia a la exageración inconsciente, por efecto de represiones o necesidad psicológica de dar relevancia a unas partes sobre otras. La actividad onírica está fuera de la esfera de influencia del juicio moral y por tanto no debemos imponérselo. Su función es proveer de imágenes preconscientes a los impulsos reprimidos, no comprendidos o rechazados, así como a los mensajes que puedan llegarnos desde los arquetipos del inconsciente colectivo. Estos últimos se caracterizarán porque siempre aportan un conocimiento ajeno a nuestra experiencia personal y están provistos de una energía extraordinaria.

También será de interés tener en cuenta que un mismo sueño es susceptible de tener varias interpretaciones paralelas. Cada una de ellas se corresponde con los diferentes aspectos de nuestra realidad vital: físico, biológico, sexual, emocional, intelectual, religioso, político, místico, etc. Al proceder en el análisis será conveniente poner las lecturas simbólicas que hagamos en relación con los distintos planos que se correspondan con la cotidianidad de nuestra persona, aunque posiblemente no todos sean lo suficientemente relevantes para los propósitos de la investigación emprendida. Es imprescindible saber ampliar al máximo el campo de posibilidades para proceder seguidamente a una selección rigurosa.

# 6.- QUE TIPO DE ORIENTACION
## SE OFRECE

Como ya dije antes y no me cansaré de repetir, el propósito del presente diccionario es ofrecer una guía útil y sincera que, en todo momento, tenga presente el libre albedrío de cada persona y el respeto hacia su propia forma de entender y conformar su mundo. Por tal motivo, la orientación que aquí se ofrece no puede considerarse nunca acabada. A ella habrá que agregar, necesariamente, el esfuerzo por personalizarla y aplicarla a la situación concreta que en el sueño particular se propone. Nadie podrá confiar en él como medio único para la interpretación. Se trata de una mera herramienta auxiliar. Y si no se tiene esto en cuenta cada uno será libre de convertir su investigación en chapuza onírica. En ningún caso admitiré reclamaciones por falta de precisión. El método es infalible cuando se aplica bien. Si no hubiera entendido algún punto, vuelva a leerlo hasta que quede claro. Y si teniendo esta llave dorada en sus manos no la utiliza, a nadie podrá culpar de su infelicidad o insatisfacción. Un pequeño esfuerzo le separa del éxito y la vida plena. Sea valiente y afróntelo. Compartiremos juntos la satisfacción de haber conseguido el mayor tesoro de la existencia.

Pero tampoco hay que llegar a los extremos de interpretar señales proféticas en todo. Lo único que conseguiríamos por este camino es una bien nutrida esquizofrenia, salpicada de salsa paranoica. Tanto los antiguos estudiosos como los psicoanalistas modernos coinciden en el hecho de que carecen de valor interpretativo los sueños de las primeras horas, que aún se encuentran bajo la influencia de factores puramente externos, como los que reproducen a las personas o hechos tratados inmediatamente antes de dormir. Hay otros, igualmente descartables, que surgen como reacción directa ante una mala postura o inconveniente físico surgido durante el sueño. Es evidente que si se sienten deseos de orinar, por ejemplo, el sueño reflejará un estado de angustia y que, si el proceso digestivo padece alteraciones, los sueños tendrán tonalidades sombrías. Todo ello ha sido ya tratado.

Puede sernos también de utilidad considerar varios términos relacionados con la interpretación de los sueños y que hacen referencia a diferentes facetas de ésta. Tenemos, en primer lugar, la palabra –oniromancia–, que es la técnica de interpretar el futuro a través de los sueños. –Onirurgia– es el conjunto de acciones que se llevan a cabo con la intención de provocar sueños que pueden utilizarse para obtener mensajes arquetípicos. La mayor parte de estas prácticas tienen que ver con el uso de substancias alucinógenas, como es el caso del peyote entre los indios mexicanos. La –oniroscopia– consiste en la acumulación y conservación del material producido en el sueño. Por último, la –onirocrítica– es propiamente la tarea interpretativa.

# 7.- COMO HA SIDO CONFECCIONADO EL DICCIONARIO

Para confeccionar el diccionario he hecho una selección de los conceptos o imágenes que más suelen aparecer en los sueños. Evidentemente no pueden estar todos porque eso requeriría una obra de mayor volumen. Pero, si se utiliza bien, con estas claves tendrá suficiente material para interpretar correctamente sus sueños.

En las explicaciones he partido del uso habitual del término y apuntado algunas correlaciones psicológicas, personales o arquetípicas, a las que da pie. Vuelvo a repetir que no son desarrollos finales sino meras sugerencias que puedan ayudarnos a despertar de forma consciente las verdaderas conexiones utilizadas por nuestro inconsciente.

He prescindido voluntariamente de interpretaciones populares, cuando no ofrecían relaciones claras o potenciadoras de valores creativos para la personalidad, por considerar que estaban llenas de ideas supersticiosas o inadecuadas, según los propósitos previamente expuestos. No obstante, por si alguien tuviera interés en conocer otros significados o ampliar la información sobre investigaciones realizadas en este campo, ofrezco al final una relación bibliográfica. Se trata sólo de una selección de entre una grandísima variedad de publicaciones, que cubre el panorama fundamental de estudios y orientaciones sobre esta materia.

# –DICCIONARIO DE SUEÑOS–

# A

ABANDONAR: Tiene relación con dejar algo atrás, morir al pasado y abrir nuevos rumbos. Cuando la sensación asociada es de huida, indica que se ha planteado una fuerte tensión que no se desea afrontar; toma prioridad el pasado y la impotencia ante los problemas. Deben fomentarse la imaginación y la creatividad. Si el sentimiento que lo anima es de alegría o entusiasmo, se está dando prioridad a una intuición o esperanza de futuro. Ha de prestarse atención entonces a las posibilidades reales del presente, poner los pies en la tierra y no ocasionar rupturas fuertes, que podrían abortar y frustrar los planes de futuro.

Cuando el abandonado es uno mismo, suele ir asociado a una sensación de inseguridad ante el oculto deseo de poseer a quien en el sueño nos abandona. También puede suponer deseos de liberación cuando nos vemos libres de la custodia de un opresor. En este caso precisamos reconsiderar ciertos criterios excesivamente rígidos de nuestras consideraciones morales o de otro tipo, que aparecen reflejadas en la figura del tirano que nos abandona. Si se tratara de un personaje masculino podemos estarnos reprochando falta de acción. En el caso de que fuera femenino demandaríamos comprensión, apoyo, auto-estima; la suavidad de una caricia acogedora.

98

ABANICO: Utilizado para dar aire, puede significar el deseo de alentar planes o actividades.

Si su función es ocultar el rostro, indica advertencia de relaciones no sinceras hacia otros o hacia nosotros mismos.

Puede ser un signo de coquetería, intriga y ligeras perfidias. Con él se pueden alentar fuegos superficiales y efímeros; frivolidades. Quien maneja el abanico en el sueño lleva la iniciativa de la acción en el mundo real. Pero todos los personajes y símbolos son también aspectos de nuestra propia personalidad. Esto nos debe sugerir prudencia en los juicios hacia otros, para no caer en ver la paja en el ojo ajeno y no ver la viga en el propio.

ABATIMIENTO: Indica algún tipo de frustración o cansancio, cuando se asocia a una actitud pasiva o pesimista; unido al optimismo o actividad entusiasta denota la posibilidad de obtener logros importantes en nuestras actividades, como una noche oscura que presiente la ventura que se acerca. En este último sentido implica la necesidad de aumentar la constancia y perseverancia. Si se asociara a otra persona, sería conveniente hablar con ella ese mismo día y hacerle saber que cuenta con nuestro apoyo.

ABDICAR: Se trata de una acción que surge como fruto de un trabajo en el que se ha perdido la orientación de sentido inicial. En algún momento, el ejercicio del poder abdicado tuvo un propósito que desapareció, ya sea por el cambio de las circunstancias o de la propia concepción de la empresa. Sugiere replantear las tareas acometidas en el presente. Comprender que todo tiene un principio y un final.

Asociado a un sentimiento agradable indica que la renuncia a la situación de privilegio actual conllevará ventajas posteriores.

ABEJA

Si fuera una sensación desagradable la que le diera vida debería interpretarse como el final de una etapa de vacas gordas, a la que seguirá otra de vacas flacas. Es el momento de iniciar una introspección y fortalecer o acumular la energía espiritual para cuando las circunstancias externas decaigan o se oscurezcan.

También ha de considerarse si nos estaremos excediendo en autoritarismo hacia otros o hacia nosotros mismos. Podría ayudar la lectura del *Cuento de Navidad* de Charles Dickens.

ABEJA: Puede aparecer con carácter secundario y sugiriendo aumentar la laboriosidad o dedicación a un trabajo emprendido o al tema principal del sueño. También, en este sentido, es signo de que tras el esfuerzo realizado espera un dulce premio.

Cuando aparece en primer plano indica prosperidad en los asuntos que nos interesan en el presente. Pero asociada a la sensación de temor, de un enjambre o una colmena, puede advertir para cambiar nuestros planes relativos a otras personas que nos consideran intrusos y tratarán de destruirnos para proteger sus intereses. Matar abejas denota la proximidad de una ruina por despreciar la laboriosidad y el trabajo en equipo.

ABETO: Como árbol de hoja perenne representa sinceridad, constancia y permanencia; condiciones, todas ellas, de una amistad auténtica. Su representación arquetípica se asocia con el sí mismo, núcleo central, creativo y divino de cada persona. En la fiesta de Navidad es el símbolo de Cristo que, en lo más oscuro y árido del invierno, se llena de frutos, regalos y dones para todos. Otras culturas, con ligeros matices, también relacionan el abeto con la divinidad, por lo que podemos identificarlo como una de las manifestaciones de los arquetipos del inconsciente colectivo. En este sentido, los sueños con abetos pueden encerrar mensajes de gran importancia para nuestras vidas.

ABISMO: Indica sensación de vértigo. Puede que sea físico por encontrarnos al borde de la cama; emocional, por falta de control o dirección en los sentimientos que nos ponen en tensión frente a otras personas; existencial, por la ausencia de metas en la vida; actitudinal, por la urgencia de tomar una decisión, estando presionado por múltiples intereses y considerando inadecuadas todas las opciones. En estos casos se precisa reconsiderar la posición en la que nos encontramos y concedernos el tiempo que sea necesario para crear una nueva situación, orientación, juicio o respuesta. Es necesario el silencio y la tranquilidad; sentirse libre para ser como cada uno es. Cualquier decisión precipitada, que no tuviera esto en cuenta, supondría un grave riesgo.

ABLUCIONES: Bañarse o lavarse ritualmente en agua limpia y clara es signo de purificación a través de las emociones. Indica alegría, franqueza y vitalidad profunda, circunstancia óptima si nos disponemos a iniciar algún negocio o empresa de cualquier orden (artístico, intelectual, sentimental, familiar, religioso, etc), donde se requerirá entusiasmo y espíritu emprendedor.

Si el agua es turbia, a pesar de las buenas intenciones, habrá adversidades que deben tenerse en cuenta. Al conocerlas se podrán superar; pero si se las ignora pueden ocasionarnos disgustos.

ABOGADO: Necesidad de atender a las normas o reglas del juego en el que nos encontremos.

Si se encuentra asociado a una sensación de alegría, es indicativo de que estamos jugando bien nuestras bazas.

## ABORDAR

Si le acompaña una impresión desagradable debemos reconsiderar nuestros planes y la forma en que los estamos llevando a cabo. Rectificar los errores en este momento puede evitarnos problemas futuros y proporcionarnos interesantes ventajas.

ABORDAR: Indica una irrupción súbita. Si somos nosotros los abordados y la sensación asociada es agradable, nos conviene estar muy atentos a las propuestas que nos hagan o a las intuiciones o impulsos que tengamos.

Siendo nosotros los que abordamos y la sensación asociada es agradable, indica que debemos tener confianza en nuestras iniciativas y llevarlas a efecto inmediatamente.

Si los sentimientos asociados fueran desagradables, por el contrario, deberemos evitar ser impulsivos y reconsiderar las iniciativas que hayamos tomado porque son frutos inmaduros que nos llevarán a situaciones difíciles.

ABORTAR: Los abortos son planes o impulsos frustrados. Supone una advertencia para no ser tan tajantes con nosotros mismos o con otras personas pues hemos juzgado mal algo o a alguien.

Si la sensación asociada es agradable, puede ser indicación de no seguir con las ideas, sentimientos o acciones que predominen en el presente o en el contexto del sueño.

ABRAZAR: Deseo de protección o apropiamiento hacia algo o alguien.

Si la sensación asociada es agradable puede ser indicativo de que debemos mostrar nuestros sentimientos a otra persona, aprovechar mejor lo que tenemos o la adquisición de algo nuevo.

Acompañado de un sentimiento desagradable puede indicar sospecha, traición o apego excesivo a ideas, deseos u objetos.

**ABREVADERO:** Es indicativo de tranquilidad y reposo, especialmente cuando en él apaga su sed el ganado. Son buenas noticias.

Si estuviera vacío y seco puede sugerir pérdidas por la insatisfacción de algún punto esencial.

A pesar de todo, no es el mejor lugar para nosotros. Por muy limpia que sea el agua, estará siempre destinada a los animales. Cuando el sueño nos hace beber en él, puede haber una mala orientación en la forma que estamos empleando para cubrir nuestras necesidades en la vida real. Conviene buscar otros manantiales más adecuados.

**ABRIGO:** El abrigo nos envuelve, nos da calor y también puede ocultar nuestra auténtica apariencia. Puede ocurrir que se lleve puesto el abrigo de otro, lo cual indica que tenemos una excesiva protección o dependencia de su propietario. En muchas ocasiones se trata de nuestra madre.

También puede darse que alguien nos preste su abrigo para afrontar una situación difícil.

Si el abrigo es nuestro representa la seguridad que tenemos en nosotros mismos y la capacidad para afrontar con éxito las adversidades, especialmente si la sensación asociada es agradable.

Si no lo fuera, deberemos tener cuidado porque nuestra búsqueda de protección puede limitar nuestros recursos reales.

**ABROJOS:** Son obstáculos ligeros y móviles que surgen en el camino. No deben temerse porque no suponen graves riesgos, aunque adquiriesen formas amenazantes. Pueden tener un fundamento ajeno a nosotros pero, especialmente si aparecen asociados con el viento, representan fantasías o dudas, fruto de obsesiones o preocupaciones sin base real.

ABSCESO: Es un inconveniente que modifica nuestra apariencia ante los demás. Por su aspecto nos puede resultar desagradable, pero lleva un propósito oculto de beneficio para nuestra salud. En cierto sentido es una defensa inconsciente ante algo que había pasado inadvertido a nuestra atención. Puede sugerirnos la necesidad de ahuyentar a quienes se nos acercan con intereses demasiado superficiales.

Si sabemos darle la atención adecuada puede ser muy útil. Si no lo atendemos o tratamos de destruirlo precipitadamente nos ocasionará dificultades serias.

ABSOLUCION: Cuando en un sueño nos absuelve una persona, tribunal o cualquier otra institución religiosa o seglar es que se aproxima un cambio de actitud, siempre favorable, ajeno o propio, hacia nosotros. El resto de los símbolos nos permitirá precisar más las circunstancias, el propósito y sus consecuencias.

ABUELOS: Representan la experiencia y el pasado de la familia, las pautas sociales recibidas o heredadas en nuestra personalidad. Pueden indicar la necesidad de buscar serenidad ante actividades alocadas o precipitaciones. También pueden ir acompañando un mensaje que nos será de utilidad.

Si van asociados a una sensación agradable debemos potenciar la moderación y atender a nuestras experiencias pasadas.

Si el sentimiento es de angustia o desasosiego son indicativo de que nos encontramos demasiado atados al pasado y que limitamos nuestras posibilidades. En este caso precisamos mayor osadía y atrevimiento.

ABUNDANCIA: Produce una cierta alegría en cuanto a que nos hace despreocuparnos ante las necesidades primarias de la existencia. Pero como consecuencia nos volvemos vagos. Conlleva otras metanecesidades que pueden ser más difíciles de cubrir que las precedentes, si no somos lo suficientemente creativos o profundos. Indica precaución y la urgencia de no fiarse de las apariencias.

**ACADEMIA:** Es un lugar donde se recibe o imparte instrucción o conocimiento. Supone una llamada de atención hacia lo que las experiencias, actitudes morales, libros, cursos o personas nos aportan o lo que nosotros podemos aportar en estos sentidos.

Acompañado de una sensación agradable, este símbolo nos orienta hacia la reflexión o estudio de lo que nos rodea próximamente. Con un sentimiento de desagrado nos sugiere ampliar horizontes y buscar campos nuevos de conocimiento.

**ACANTILADO:** (Ver ABISMO).

**ACCIDENTE:** Sufrir un accidente se relaciona con la necesidad de infundir más sensatez y cordura en nuestras actividades, así como la posibilidad de haber cometido un grave error.

Si el accidente le ocurre a otros es que hemos estado cerca de un gran riesgo, pero que ya éste ha quedado superado por nuestra prudencia.

**ACEITE:** Si se encuentra en el camino puede suponer un impedimento y la necesidad de ser cauteloso para no resbalar. Puede provenir de nosotros mismos en forma de prejuicios.

Si somos ungidos con él, indica que hemos recibido un conocimiento o señal excepcional, que nos capacita especialmente para aquello que el contexto del sueño denota. Si es aceite hirviendo vertido sobre alguien sugiere una fuerte agresión conducida con astucia e inteligencia.

ACEITUNAS: Compartir con otros este fruto es señal de paz y amistad sencilla y directa.

Verlo en grandes cantidades es abundancia, referida siempre a lo campechano y sincero.

Asociadas a un sentimiento desagradable expresan una amargura oculta. Junto a una sensación agradable puede ser indicativo de prosperidad en los asuntos compartidos.

ACELERAR: Indica una potenciación de nuestros ritmos, un estrés, que bien llevado, cuando aún nos permite dirigir nuestro rumbo, puede ser bueno y hacernos muy eficaces.Pero cuando los caballos se desbocan aparece una patología que nos hace irritables, coléricos e insoportables, añadiendo a todo ello otros trastornos somáticos, digestivos, nerviosos o cardio-vasculares. Atención al estrés.

ACERA: Es una zona por donde se puede caminar con relativa seguridad.

Si subimos a ella puede ser un ascenso en el escalafón profesional o alguna otra potenciación de actitudes personales. Pasear por ella indica una seguridad aparente que nos puede volver ciegos ante ciertas situaciones de peligro.

Bajar de la acera es aviso de una pérdida que nos dejará al descubierto ante las dificultades. Aún hay tiempo para rectificar si se actúa con rapidez.

ACERO: Símbolo de dureza y poder, puede indicar la propia resistencia e integridad ante las adversidades. También representa algo que se ha conseguido con esfuerzo y nos coloca en una situación muy favorable. Supone la posibilidad de conquistar nuevas metas.

Asociado a un sentimiento agradable denota logro y triunfo. Cuando la sensación que nos produce es desagradable puede indicar excesiva dureza o dificultades insuperables.

**ACERTIJO:** Se trata de un reto intelectual que pondrá a prueba nuestra inteligencia y agudeza de ingenio. El problema por el que se atraviesa depende de estas cualidades. Si la sensación asociada es agradable, acertaremos en la solución prevista.

Si se trata de algún sentimiento desagradable, deberemos prestar mucha atención a quienes se nos oponen y no infravalorarlos o despreciarlos jamás.

**ACHAQUES:** Son contrariedades que resultan de irregularidades cometidas durante un cierto tiempo. Conviene revisar la salud, nuestros profundos deseos o frustraciones, así como los hábitos de pensamiento demasiado rígidos o pesimistas. Indica la necesidad de encontrar nuevos rumbos o soluciones a problemas aplazados y que pueden complicarse cada vez más si no se afrontan definitivamente.

**ACICALARSE:** Cuando las personas que aparecen en nuestros sueños van maquilladas es una advertencia de cierta falsedad en las relaciones. También ocurre lo mismo si somos nosotros los acicalados. Podemos estar falseando nuestra autoimagen para evitarnos el sufrimiento de mirar directamente nuestras dificultades o carencias en algún sentido. Mucha atención si es así. Más vale admitir nuestros defectos ahora y aprender a vivir con y desde ellos, superándonos poco a poco, que caer en una profunda depresión después, cuando las máscaras no puedan ocultar por más tiempo la realidad.

**ACIDEZ:** Puede anunciar querellas, discusiones, desilusiones o engaños, pero siempre cabe rebajarla con el agua destilada del buen humor.

**ACLAMACION:** Cuando somos aclamados urge estar alerta de las demandas que tras los aplausos nos llegarán. Dormirse en los laureles es muy arriesgado. La vanidad puede arrastrarnos a pozos sin fondo.

Buscar la aclamación supone considerar seriamente la responsabilidad que implica estar en lo alto de la ola.

No es mala por sí misma cuando continuamos preparándonos a fondo y nos esforzamos continuamente por superarnos.

**ACLARAR:** Un impulso intuitivo nos permitirá ver más claro ciertos asuntos que nos interesan. Debemos confiar más en estas visiones súbitas porque pueden evitarnos problemas o hacernos salir de apuros. La solución que buscamos se encuentra en este sueño. Consideremos los demás signos y el conjunto.

**ACOGER:** Ser acogidos favorablemente por un hombre nos augura que recibiremos la protección que necesitamos. Si quien nos acoge es una mujer no debemos fiarnos de las apariencias. Si soñamos que somos mal acogidos será indicativo de que prestemos más atención a nuestros asuntos y decisiones, sin quedarnos con lo primero que se nos ocurra o nos aconsejen.

**ACONSEJAR:** En el sueño encontraremos inspiraciones que nos permitirán atravesar un período difícil sin mayores consecuencias.

ACORDEON: Interpretar una melodía monótona con tal instrumento nos indica que abundamos demasiado en las quejas, lo cual ahuyenta a quienes pueden ayudarnos.

Si escuchamos una música de estas características indicará que somos objeto de las quejas infundadas de otros o que alguien puede pretender involucrarnos en asuntos que no son de nuestra incumbencia. Escuchemos para ayudar a que la otra persona se desahogue pero no consideremos seriamente lo que nos dice.

ACOSTARSE: Verse acostado solo en sueños indica un período de incertidumbre, de espera, ante dificultades que no nos sentimos capacitados para superar sin ayuda. A la espera de ésta lo único que sabemos es disimular nuestra tristeza e impotencia.

Si estamos acostados en la intemperie es que lo que nos hace sufrir en realidad no es más que una incomodidad transitoria, sin la gravedad que nos imaginábamos.

Si estamos acostados con una persona del mismo sexo o ésta se halla en la misma habitación, indica que además de la incertidumbre nos sentimos atormentados por lo que dirán los demás.

Si estamos acostados con una persona de otro sexo o se encuentra en la misma habitación, se acerca el fin de nuestros problemas.

ACREEDOR: Presencia de presiones económicas. Tal vez se esté haciendo un mal uso de los bienes materiales o intelectuales. Ha de recordarse que no se deben echar perlas a los cerdos. Con una utilización más adecuada de la riqueza, en sentido amplio, se encontrará la paz y mayores beneficios.

**ACROBATA:** Indica la presencia de un gran riesgo. Siendo nosotros los que realizamos acrobacias estamos poniendo en peligro nuestros intereses, nuestra vida, sin que podamos esperar sacar un gran provecho de ello. Tendrá sentido si nuestra actividad es puramente estética.

Si son otros los acróbatas debemos ser cautelosos para no quedar fascinados por ellos, ya que podrían apartarnos de nuestros auténticos intereses para seguir quimeras o ilusiones imposibles.

Si la sensación asociada es agradable nos indica que seremos capaces de superar las dificultades y saldremos fortalecidos, sabiendo distinguir con claridad lo verdadero de lo falso, nuestra auténtica orientación en la vida.

Si el sentimiento que lo acompaña es desagradable nos indica precaución y no seguir adelante con los asuntos programados o referidos en el sueño.

**ACTIVIDAD:** Soñar que somos muy activos y hacemos muchas cosas puede indicar, si el sentimiento asociado es agradable, que nos encontramos en una etapa creativa que debemos aprovechar y esforzarnos por expresar de forma concreta todas nuestras ideas, impulsos, presentimientos e intuiciones. Podemos correr el riesgo de fantasear y no aportar el suficiente esfuerzo y precisión técnica a nuestra creatividad, malgastando así una gran oportunidad.

Si la sensación asociada es desagradable, puede indicar estrés patológico y sería conveniente tomarse unas vacaciones.

(Ver también ACELERAR).

**ACTORES:** Se representa un papel, un rol social, que no se corresponde con su realidad vivencial. Sería conveniente reconsiderar las actitudes o el desarrollo profesional.

Adoptar la máscara del actor puede ser útil para no ser dañado por las agresiones de otros pero también puede ser una trampa que oculte para siempre nuestra auténtica personalidad, produciéndonos frustraciones, ansiedades y angustias continuas.

Si los actores son otros debemos tener cuidado porque alguien puede estar jugando con nosotros, haciéndonos creer lo que no es.

(Ver también ACICALARSE).

**ACUARELA:** Una confusión emocional puede proporcionar a los que nos rodean una imagen muy distorsionada de nosotros mismos. No conviene enredarnos con demasiadas explicaciones de lo que nos ocurre. Necesitamos un poco más de espontaneidad.

**ACUARIO:** Verlo con peces nadando en su interior apaciblemente, en el agua clara, es un signo de tranquilidad y felicidad.

Si el agua está sucia o los peces inquietos, puede haber demasiados impulsos reprimidos. Nos conviene hacer una profunda introspección y aprender a darles salidas adecuadas y equilibradas.

**ACUCHILLAR:** Puede ser la urgente necesidad de resolver un conflicto afectivo retenido durante mucho tiempo y deformado. Sería conveniente aproximarnos a la persona o la emoción acuchillada admitiendo una relación afectiva que nos será de utilidad.

La persona o emoción cuyo afecto necesitamos puede ser objeto de continuas agresiones por nuestra parte.

Estas la alejan de nuestro lado, cuando la necesitamos muy cerca. Lo mismo puede decirse si somos nosotros el objeto de las agresiones de otro. No obstante, debemos ser precavidos al intentar la aproximación afectiva. Podría desatarse una pasión incontrolable o un odio mordaz.

ACUMULAR: Si se trata de dinero debemos tener cuidado porque acecha algún tipo de pérdida.

Si se trata de objetos diversos podemos estar perdiendo nuestro tiempo y encerrándonos en una tela de araña que nos impedirá distinguir lo útil de lo inútil y perder muchas oportunidades. Necesitamos confianza en nosotros mismos; en nuestros valores personales.

ACUSAR: Podemos reprocharnos muchas cosas poniendo a otros como ejecutores de la acusación. Si nos acusaran en público, podemos sentirnos culpables por algún asunto moral. Si lo hacen ante la familia será porque no somos lo suficientemente consecuentes con nosotros mismos. Si nos acusan en privado puede ser algún remordimiento leve debido a timidez o insuficiencia de carácter.

Cuando el acusador es masculino, el sentimiento de culpa es por algo que hemos hecho y si se trata de una mujer, por algo que hemos dejado de hacer.

ADIOS: Un sueño de despedida nos anuncia el alejamiento de un hábito, costumbre o forma de pensamiento superados.

Si la sensación asociada es agradable indica que hemos logrado liberarnos de algo que durante algún tiempo nos preocupó.

Si fuera un sentimiento desagradable podemos estar incurriendo en un relajamiento de costumbres que puede sernos perjudicial.

ADIVINAR: Indica una alteración en cuanto a los cauces

habituales de la percepción. Si está animada por una sensación agradable quiere decir que podemos ser útiles a otras personas o a nosotros mismos con nuestros consejos.

Si el sentimiento asociado es desagradable es una sugerencia de que algo nos preocupa intensamente y nos produce inseguridad.

**ADMIRAR:** (Ver ACLAMACION y ACROBATA).

**ADOPTAR:** Nos embarga un cierto sentimiento de esterilidad o desconfianza ante nuestros recursos y capacidades. Puede ser por razones físicas: un deseo frustrado de tener hijos. También puede tratarse de una causa emocional o intelectual, en cuyo caso corremos un grave riesgo de enajenación.

Debemos confiar más en nuestros recursos y desarrollar facetas creativas de nuestra personalidad que, posiblemente, hasta ahora desconozcamos.

**ADUANA:** Hemos llegado al límite o conclusión de algún proceso, actitud o actividad y nos disponemos a comenzar algo nuevo. Es el momento de revisar las experiencias precedentes y sacar conclusiones. No deben dejarse atrás asuntos pendientes. Todo ha de quedar saldado y equilibrado para que la nueva etapa que comienza sea fructífera y feliz.

**ADULAR:** (Ver ACLAMACION).

**ADULTERIO:** Representa una insatisfacción que deberemos tener muy en cuenta para procurar mejorar nuestras relaciones personales; no sólo con nuestra pareja. El adulterio puede reflejar la necesidad de saltarnos ciertos prejuicios o represiones propias. Será de mucha utilidad observar con detalle las características de la persona con la que desarrollamos tal acción. Estas nos describirán nuestras necesidades actuales.

Si nos sentimos atraídos por una mujer, sea cual sea nuestro sexo y nos unimos a ella, será indicación de potenciar nuestra sensibilidad, intuición y observación madura de lo que nos rodea.

Si se tratara de un hombre, deberemos desarrollar más la espontaneidad, la osadía y las actividades hacia el exterior.

**ADVERSIDAD:** Se trata de una apelación por parte de la vida, las circunstancias o nosotros mismos. Necesitamos dar una respuesta propia y sin rodeos. Unida a una sensación agradable indica impulso creativo. Nuestras empresas tendrán el éxito asegurado.

Si el sentimiento asociado es desagradable es que estamos cansados y necesitamos recuperar fuerzas. No será entonces el momento de comenzar nada. Antes hay que descansar.

**AFEITAR:** Es indicativo de un esfuerzo hecho para resultar agradables a otros. Puede sugerir también la necesidad de recuperar cierta sencillez o ingenuidad perdida.

**AFINAR:** Vernos afinando un instrumento musical puede indicar que nuestras emociones o pensamiento se encuentran difusos, que divagamos y somos poco eficaces. Un poco de concentración y claridad sentimental nos evitará dificultades e insatisfacciones.

**AFONIA:** Al perder nuestra voz estamos perdiendo capacidad de autodeterminación y seguridad. Podemos ser presa fácil para quien desee manipularnos.

AFRENTA: (Ver ADVERSIDAD).

AGONIZAR: (Ver ADUANA).

AGRICULTURA: Se relaciona con el cultivo de nuestra personalidad. Arar los campos es la necesidad de ser más ordenados y constantes. Sembrar es una instancia a ampliar nuestros conocimientos y amistades. Abonar nos indica que debemos cuidar y mantener nuestras amistades y conocimientos. Ver crecer los cultivos es señal de satisfacción por el trabajo realizado. La cosecha indica riqueza personal. Si ésta fuera pobre es el momento de replantearnos que tal vez se nos escape la fuerza por la boca; debemos predicar con el ejemplo.

AGUA: Este es uno de los símbolos más frecuentes, tanto en forma directa como indirecta (humedad). Representa la vida, su origen, los sentimientos y la satisfacción. También se relaciona con el seno materno, la regeneración y el inconsciente. Por ser tan usual y frecuente en lo cotidiano nos será fácil encontrar relaciones por nosotros mismos, partiendo de lo anterior.
(Ver ACUARIO y ARROYO).

AGUILA: Se corresponde con unas elevadas aspiraciones, normalmente de conquista, poder y dominio. Sugiere triunfo por las características de su vuelo.
Si somos nosotros quienes nos sentimos águilas y lo contemplamos todo desde las alturas se está denotando un sentido de liberación y desapego. Cuando a eso se une la poderosa visión del ave, nos encontramos en una situación inmejorable para la contemplación intelectual y el tratamiento de asuntos filosóficos. Ver el vuelo del águila desde abajo indica aspiración,

ideales, pero difíciles de relacionar con nuestra vida diaria. Puede sugerirnos que tendemos a fantasear o estar en las nubes y que necesitamos también sentir los pies en la tierra y andar sobre ella.

Al destacarse en el sueño su condición de rapaz, el pico y las garras, indica amenaza. Nos sentimos angustiados por presiones externas. Es conveniente prestar más atención a nuestras cualidades y posibilidades personales. Debemos confiar porque siempre somos capaces de hacer mucho más de lo que pensamos.

**AGUJAS:** Indican la presencia de pequeños dolores agudos, angustias, que van minando poco a poco nuestra resistencia, en el caso de que seamos pasivos ante ellas.

Si este símbolo nos vuelve activos, como por ejemplo poniéndonos a coser o tricotar, sugiere la capacidad de sacar provecho de los inconvenientes y transformarlos en algo muy útil para nuestra vida.

**AHOGARSE:** Es la expresión de un sentimiento de angustia prolongado. Estamos demasiado rígidos y apesadumbrados por exceso de responsabilidades o preocupaciones obsesivas. Conviene relajarse y comprender que nunca somos imprescindibles. Todo tiene otras posibles soluciones, aunque no seamos capaces de verlas. Tampoco conviene tener un miedo excesivo a equivocarse. Puede ser incluso más conveniente hacer algo regular o mal que no hacerlo.

**AHORCADO:** Puede indicar el punto culminante de una depresión, a partir del cual las cosas cambian. Sintiéndose ahorcado se produce una inversión de valores y algo que antes no tenía sentido comenzará a tenerlo.

AHORRO: (Ver ACUMULAR).

AIRE: El aire se relaciona con el pensamiento y nuestra capacidad de imaginar y concebir planes. Nos ayuda a establecer un equilibrio entre las acciones y las emociones.

Si el aire es excesivamente frío indica desapego y la posibilidad de estar siendo injustos con alguien que nos rodea y nos quiere.

Si es un aire húmedo o vapor será la sugerencia de que nuestros afectos no nos permiten ver ni pensar con claridad. Nuestras decisiones pueden ser equivocadas por un exceso de sensiblería.

AJEDREZ: Este juego representa la reflexión sobre las estrategias de la vida. Saber medir los riesgos, tomar posiciones de defensa o ataque y estar dispuestos a hacer ciertos sacrificios con vistas a un logro posterior y de mayor alcance.

Es también una invitación a la paciencia y la observación. Pero sobre todo sabiendo, en todo momento, que lo más importante no es ganar sino la oportunidad que se nos ofrece de comprobar la viabilidad de nuestras estrategias y el desarrollo de nuestra inteligencia. El éxito está asegurado si no nos impacientamos.

AJO: Este bulbo comestible, tan usual como condimento, tiene excelentes propiedades curativas, aunque su trato pueda ser un tanto desagradable. Como símbolo onírico nos sugiere la necesidad de prescindir a veces de las apariencias para hacer lo que consideramos más adecuado.

El hecho de que se lo ponga como medio para ahuyentar a los vampiros, nos sugiere la necesidad de despejar ciertas sombras tortuosas que rondan nuestra imaginación. Dejémonos de divagar y vayamos al ajo.

**ALABANZAS:** (Ver ACLAMACION).

**ALACRAN:** Su presencia sugiere la advertencia de que si seguimos dando vueltas a nuestras preocupaciones, obsesiones o prejuicios, terminaremos por auto-destruirnos.

**ALAS:** Cuando nos salen alas en un sueño es indicativo de que debemos lanzarnos a desarrollar nuestros proyectos. Es hora de volar por nosotros mismos.

**ALBAÑIL:** Es una clara invitación para ponernos manos a la obra. Dar por concluida la planificación y comenzar a construir, piedra a piedra, con fuerza y precisión. Sobre la marcha se podrán hacer todas las rectificaciones necesarias.

**ALBERGUE:** Por dura que sea nuestra marcha, siempre encontraremos un lugar donde descansar y reponer fuerzas. Sigamos adelante con confianza.

**ALCACHOFA:** Para llegar a su jugoso y tierno corazón hace falta paciencia y constancia, superando las hojas duras. Así también nos ocurre con las personas.

**ALDEA:** Es una pequeña comunidad donde todos se conocen y las relaciones sociales son muy sencillas. Su presencia en el sueño puede indicar la necesidad de recuperar esto mismo entre nuestras amistades o en el seno de nuestra familia.

**ALEJAR:** (Ver ABANDONAR)

**ALFARERO:** Representa trabajar en barro con las manos para sacar de él algo útil. Podemos estar despreciando nuestro propio barro, aquellos deseos, pensamientos o pasiones que nos manchan, sin considerar que también de allí podemos sacar cosas necesarias para nuestra vida.

ALFILERES: (Ver AGUJAS).

ALFOMBRA: Caminar sobre ella indica alcanzar una posición holgada, por medio de nuestro trabajo.
Si se encontrara en algún lugar inusual, como puede ser una calle, sugiere nuestra falta de escrúpulos para alcanzar ciertas metas.

ALFORJAS: Representan nuestra riqueza en un sentido amplio. Si están vacías indican pobreza material, emocional, intelectual o espiritual.

ALMENDRAS: Los almendros en flor representan felicidad y esperanza. El fruto es rico y nutritivo. Se encuentra en el interior de una cáscara dura, por lo que nos invita a no detenernos ante los obstáculos que encontremos.
Una almendra amarga sugiere un sufrimiento oculto.

ALQUIMIA: Es el arte de la transmutación. Nos indica que la constancia y el esfuerzo perseverante de nuestros buenos propósitos, provistos del conocimiento adecuado, nos permitirán cambiar cualquier circunstancia adversa y convertirla en valiosa.

ALTAR: Para las personas muy religiosas puede sugerir recogimiento, adoración y exaltación o júbilo. También puede relacionarse con el presentimiento de una boda cercana o los profundos deseos de llegar al matrimonio.

ALUBIAS

Si el altar está en ruinas refleja desolación y pérdida de valores morales.

ALUBIAS: (Ver HABAS).

AMANECER: Contemplar las primeras luces del día representa el triunfo sobre las dudas, pesares o turbaciones. Comienza un período de mayor felicidad, en el que podemos dirigir con voluntad plena nuestras acciones.

AMAPOLA: Representa sencillez, ingenuidad y consuelo ante el dolor, ya sea físico o afectivo.

AMARILLO: Es el color de la intuición, la inteligencia, el pensamiento y la capacidad de profundizar y verlo todo con claridad. También es símbolo del aire. (Ver AIRE).

AMARRAR: Simboliza el deseo de sujetar algo para que no se escape. Podemos estar tratando de amarrar a una persona porque dependemos de ella, a un hijo para impedir que crezca y decida por sí mismo, a nosotros mismos por medio de represiones o frustraciones.

También podemos amarrar nuestro pensamiento para convertirlo en un discurso coherente y sólido.

AMATISTA: Representa temperancia, humildad y sentido común.

AMBULANCIA: Indica auxilio en las dificultades por las que atravesamos. También puede sugerir precaución ante situaciones de peligro o cualquier tipo de riesgo.

Si llevara la sirena encendida podría sugerirnos que nos

detengamos con urgencia a considerar lo que está ocurriendo a nuestro alrededor.

**AMETRALLAR:** Indica una gran capacidad de respuesta agresiva. Esta puede ser muy positiva cuando esa respuesta es de tipo creativo, aunque también suscite celos, envidias o deseos de venganza en nuestros competidores.

Si la ametralladora se encasquilla es que nos estamos supervalorando excesivamente y en cualquier momento podemos convertirnos en víctimas de nuestra fatuidad, en las reacciones de los demás.

**AMIGO:** Si nos encontramos en dificultades, soñar con un amigo es indicativo de esperanza y consuelo. En condiciones normales, el aspecto del amigo nos indicará el estado de nuestras relaciones. Será bueno visitar a quien hemos visto en sueños.

**AMOR:** Puede representar el deseo de alcanzar una relación idealizada y no conseguida, porque pretendemos encontrar fuera lo que sólo existe en nuestro interior.

**AMPUTACION:** Representa una alteración de la personalidad, por medio de la cual nos sentimos incapacitados para hacer uso adecuado del órgano amputado o de la actividad que desarrollamos cotidianamente por su mediación. Tras todo ello se oculta un temor que sería conveniente descubrir con claridad y superarlo. Los demás elementos del sueño podrán ayudarnos.

**AMULETO:** Es un símbolo a través del cual representamos algo o a alguien que nos produce tensión y que desearíamos tener bajo nuestro control: manejarlo a voluntad.

ANCIANO: (Ver ABUELOS).

ANCLA: (Ver AMARRAR).

ANDAMIO: Su estado indica la seguridad que tenemos en nuestras obras. Si está tambaleándose debemos prestar mucha atención porque se nos están escapando detalles importantes que nos harán fracasar. Si es sólido denota confianza y que vamos por buen camino.

ANDAR: Sugiere la resolución que tenemos para afrontar nuestras circunstancias; la voluntad de hacer y no sólo dar vueltas a los asuntos que nos preocupan.

ANDRAJOS: Verse cubierto de andrajos indica descuido personal, pérdida de hábitos sanos, decadencia moral y miseria, que puede llegar a ser también material.

ANGELES: Suelen ser representaciones arquetípicas con una gran aportación de energía. Puede suponer el fin de nuestras preocupaciones.

No obstante, pueden tener una doble faz (ángeles de las tinieblas) y ocasionarnos mayores temores, disgustos o perturbaciones. En este segundo caso debemos considerar que, por pequeña que sea su luz, siempre existe y que, por ser representaciones de estados internos, nosotros podemos potenciar voluntariamente esa energía hasta convertirlos en luminosos.

También simbolizan protección, seguridad, paz y humildad.

ANGUILA: Indica una oportunidad para introducirnos ágilmente por entre el discurrir de nuestras circunstancias, obteniendo algún beneficio importante. Debemos actuar con discreción y rapidez. Si la anguila estuviera muerta es porque no hemos sabido aprovechar la oportunidad que se nos presentaba.

ANGUSTIA: (Ver AHOGADO).

ANIDAR: Un nuevo sentimiento, tal vez inconsciente aún, ha aparecido en nuestro interior. Puede tratarse de un enamoramiento o de cualquier otro tipo de deseo. Si sabemos aprovecharlo, nos permitirá desarrollar aspectos creativos de nuestra personalidad.

ANILLO: Representa el lazo que nos une a una determinada filiación, grupo o sociedad. Proporciona seguridad y poder por el respaldo que simboliza: no estamos solos.

Lo que en el sueño le suceda al anillo, le ocurrirá también al vínculo que represente. La ruptura de la alianza matrimonial indica separación, ya sea física o emocional.

Perder un anillo representa habernos enfadado con la persona que nos lo dio. Ponérselo a otra persona denota un deseo de ejercer dominio sobre ella.

ANIMALES: En términos generales, representan las cualidades o defectos con que tradicionalmente se los asocia. El perro representa fidelidad, la paloma paz, la tortuga longevidad, el tigre poder y perversidad, etc. Se recomienda consultar por el nombre del animal en particular.

ANTENA: Por medio de ella podremos aumentar el número e intensidad de nuestras percepciones. Tal vez tengamos acceso a informaciones extraordinarias. Estemos atentos; nos serán muy útiles en el futuro.

ANTEOJOS: Al igual que el símbolo precedente, sirve para amplificar nuestras percepciones. En este caso puede tratarse más bien de potenciar nuestra observación de los hechos que nos rodean. Está ocurriendo algo que no hemos valorado adecuadamente.

ANTEPASADOS: (Ver ABUELOS).

ANTESALA: Es una recomendación para cultivar la paciencia.

ANTIFAZ: (Ver ACTORES).

ANTIGUEDADES: Algo nos invita a considerar nuestro pasado, el de nuestra familia o la historia en general. Hagámoslo y obtendremos un beneficio.

ANTORCHA: Llevar una antorcha encendida indica el sincero deseo de compartir nuestra luz, nuestra alegría, con otros.

Si la antorcha está apagada es que hemos perdido entusiasmo y nos encontramos desconcertados.

ANZUELO: Indica algún engaño o traición, como cuando se pretende con él atrapar al pez.

APARICION: (Ver ANGELES y AMANECER).

APARTAMENTO: Se relaciona con nuestro estado de salud, situación o morada. La decoración y distribución nos indicará cúal es nuestra disposición psicológica y moral actual.

APELAR: Es una llamada de atención para que reconsideremos algo que hemos juzgado con demasiada ligereza.

APETITO: Representa entusiasmo y ganas de vivir.

APLASTAR: (Ver ACCIDENTE).

APOPLEJIA: Prestemos mucha atención porque estamos perdiendo el control de nuestros intereses materiales o morales.

APOSTAR: Estamos dispuestos a asumir un riesgo. Pero procuremos que no dependa sólo del azar. Seguro que hay algo que podemos hacer para conseguir el triunfo.

APRETAR: (Ver AHOGADO).

APRISIONAR: (Ver AMARRAR).

APURO: (Ver AHOGADO).

ARADO: (Ver AGRICULTURA).

ARAÑA: Suele tener relación con alguna trampa que se nos tiende o que nos tendemos a nosotros mismos, en el aislamiento de un soliloquio obsesivo. También puede representar esperanza por la capacidad que la araña tiene de descolgarse en el vacío.

ARBITRO: Necesitamos tomar perspectiva sobre nuestra situación para poder juzgarla adecuadamente. Nuestros intereses afectivos o de otra índole nos impiden ser imparciales y encontrar la solución correcta.

ARBOL

**ARBOL:** Es una representación de nuestra propia personalidad. Un árbol frondoso y robusto simboliza seguridad y creatividad. Si está débil y sin hojas debemos prestar atención porque se aproxima una depresión. Necesitamos urgentemente un revitalizante.

**ARCO IRIS:** Es un símbolo de esperanza y prosperidad puesto que se forma por el encuentro del agua de lluvia y la luz del sol; ambos elementos esenciales para la vida natural. También representa el equilibrio y la paz interior.

**ARDILLA:** Representa ligereza y juego intrascendente. Se relaciona con la coquetería y las relaciones superficiales.

**ARENA:** La fina arena de la playa nos sugiere la caricia de las grandes emociones, del mar, del amor. Esta imagen nos reconforta y nos aporta la energía arquetípica de la gran madre.
La arena del desierto representa aridez y nos trae la otra imagen del arquetipo: la muerte.

**ARLEQUIN:** Puede representar un aspecto ridículo, grotesco o burlón de nuestra personalidad. Su sentido en el sueño dependerá del contexto.
Si la sensación asociada es agradable nos sugerirá la necesidad de reírnos de nuestras preocupaciones porque su gravedad es pura fantasía. Cuando el sentimiento que lo anima es desagradable será un indicativo de que nuestra actitud está fuera de tono.

**ARMADURA:** Soñar con que nos encontramos revestidos con una, es señal de que nos hemos hecho duros ante el impacto de las adversidades. Pero al mismo tiempo también hemos forzado nuestra personalidad, dejándola reducida a los límites de una angustiosa prisión. Debemos tratar de desarrollar más nuestra sensibilidad y abrirnos hasta adquirir la suficiente confianza como para no tener que depender de corazas rígidas.

ARMARIO: Representa el lugar donde guardamos nuestros objetos íntimos: nuestros sentimientos. Si se encuentra demasiado oculto y protegido refleja dificultades en nuestras relaciones con los demás.

Si se encuentra lleno y bien ordenado es porque tenemos una gran riqueza interior.

Si se encontrara desordenado indica problemas afectivos e infelicidad.

ARMAS: (Ver ACUCHILLAR y AMETRALLAR).

ARRANCAR: Es una acción violenta que indica la presencia de alguna frustración o represión. Dependiendo quién arranque y qué sea lo arrancado, podemos acercarnos al origen de nuestro conflicto. Necesitamos ser un poco más tolerantes con nosotros mismos.

ARRASTRAR: Hay algo que nos atrae y se sobrepone a nuestra voluntad. Puede tratarse de una pasión o un impulso derrotista como resultado de una pérdida. Es urgente que recuperemos nuestro centro, nuestra voluntad, porque de lo contrario correremos un gran riesgo.

ARRENDAMIENTO: Indica la creación de una situación de dependencia que nos ocasionará molestias. Si somos capaces de encontrarle un sentido, el esfuerzo será productivo. Si carece de sentido para nosotros tal relación conviene cortarla con naturalidad lo antes posible; si no lo hacemos entraremos en un conflicto que se agravará con cada día que pase.

**ARREPENTIRSE:** Es una advertencia para no cometer el error del que nos estamos arrepintiendo en el sueño.

**ARROYO:** Un arroyo de aguas claras que fluye ligero es símbolo de alegría y satisfacción. Nuestra vida afectiva va por buen camino.
Si las aguas son turbias tenemos conflictos emocionales.
Si el arroyo está seco es que algún desengaño nos ha hecho desconfiados, recelosos y rencorosos.

**ARROZ:** Es símbolo de consuelo ante la posibilidad de cubrir nuestras necesidades alimenticias. También representa la fertilidad y la abundancia cuando cae sobre nosotros.

**ARRUGAS:** Representan la experiencia adquirida y el esfuerzo de la lucha diaria ante las adversidades de la vida.
Para algunas personas, especialmente mujeres, puede reflejar también el miedo a envejecer y perder atractivo físico.

**ARTISTA:** Vernos convertidos en un gran artista puede ser el oculto deseo de recibir la admiración y la estima de los demás.
También puede ser una indicación de cómo sublimar las pasiones y pulsiones que no somos capaces de admitir ni expresar.

**ARTROSIS:** Refleja alguna rigidez moral, psicológica o social que puede ocasionarnos serias dificultades si no hacemos algo por suavizarla.

**ARZOBISPO:** Los sueños en que intervienen personajes revestidos de un carácter sacerdotal o alta dignidad eclesiástica, como el arzobispo, sean de la religión que sean, indican la necesidad que tenemos de confiar nuestros problemas a alguien que sepa comprenderlos y aconsejarnos adecuadamente. Debemos prestar atención a las palabras del arzobispo o a cualquier otro mensaje que nos comunique. Su figura arquetípica de patriarca puede aportarnos una experiencia muy enriquecedora.

ASALTAR: (Ver ABORDAR).

ASCENSION: Representa la sublimación y el logro de una comprensión más plena y libre de nuestra vida y el mundo en general.

ASCENSOR: Simboliza las subidas y bajadas por el escalafón social o profesional.

ASCO: Indica la reprobación de alguna conducta, pensamiento o deseo.

ASEAR: Al darnos cuenta de que algo es incorrecto, tratamos de limpiarnos de ello.

ASEDIAR: Encuentro con un momento crítico. Las tensiones nos ponen entre la espada y la pared. Necesitamos hacer una concesión, entrar en un silencio que nos permita reflexionar, respirar, y dar un nuevo rumbo a nuestra vida. Tal concesión es una especie de muerte a la situación previa. Pero si no estamos dispuestos a morir de esta manera, sufriremos una grave crisis que puede hacernos morir de la otra.

ASESINAR: Se está poniendo de manifiesto un grave conflicto interno entre nuestros deseos y las normas morales, legales o familiares. Necesitamos una profunda introspección y buscar alguna salida aceptable para no llegar a una situación de violencia real. (Ver ACUCHILLAR).

ASFIXIARSE: (Ver AHOGARSE).

ASIENTO: Es el reflejo de nuestra situación. La solidez y estabilidad del asiento es la medida de tales condiciones en las circunstancias cotidianas.

ASILO: (Ver ALBERGUE).

ASMA: (Ver AHOGARSE).

ASNO: Representa nuestro cuerpo como soporte vivo de las actividades superiores de nuestra existencia. Por ello debe aparecer siempre fuerte y vigoroso. Si no fuera así debemos cuidar nuestra salud física. Un asno muerto puede representar también la falta de base para nuestros proyectos y la consecuente inviabilidad de los mismos.

Si nos vemos montados sobre un asno es una indicación de que nuestros propósitos van por buen camino.

ASOCIACION: Tiene interpretaciones paralelas a las simbolizadas por un enjambre de abejas. (Ver ABEJA).

ASTROS: Desde la antigüedad, han representado un punto de referencia. Con ellos se regulaba la siembra y la cosecha. En este sentido pueden traernos significados de vida y de muerte, asociados con el inconsciente por esa observación ancestral de las cosechas y de nuestros propios ciclos. (Ver ANGELES y el significado del astro en particular).

ATACAR: (Ver ABORDAR).

ATAJO: Manifiesta una cierta ansiedad por el triunfo. Nos planteará obstáculos difíciles de superar. Pero si somos capaces de seguir hasta el final, a pesar de todo, lograremos cualquier cosa que nos propongamos.

ATAR: (Ver AMARRAR).

ATASCARSE: (Ver AHOGARSE).

ATAUD: Representa la muerte como fin de un ciclo o actividad. (Ver ABDICAR y ADUANA).

ATERRIZAJE: Indica que nuestros conflictos o fantasías comienzan a tocar tierra. Este será el comienzo de la solución buscada.
Si no lográramos aterrizar es porque elucubramos demasiado. Necesitamos distraernos y olvidarnos del problema.

ATROPELLO: (Ver ABORDAR).

AURORA: (Ver AMANECER).

AUTOBUS: Subir a un autobús representa un cambio en nuestra vida, en el que también están implicadas directa o indirectamente otras personas.
Si se encuentra lleno de gente indica la necesidad que tenemos de potenciar las relaciones humanas.
Si está vacío expresa introversión y timidez. Si vemos que el autobús se va y nosotros nos quedamos puede ser una esperanza de cambio frustrada o un deseo de salir de la situación

actual, insatisfactoria, pero sin ningún propósito claro de una nueva orientación.

AUTOMATA: Es una advertencia de que estamos perdiendo nuestra condición humana, creativa, nuestros sentimientos y emociones. Si no potenciamos éstos terminaremos convirtiéndonos en muertos vivientes.

AUTOMOVIL: Conducirlo representa tomar la iniciativa personal de una nueva orientación en nuestra vida.

Si lo conduce otra persona denuncia un sentimiento de incapacidad para dirigir nuestra propia vida.

También representa nuestro cuerpo y se puede establecer un paralelismo entre el estado de ambos. (Ver ASNO).

AUTOPSIA: Representa un deseo minucioso de introspección. Si seguimos esta recomendación alcanzaremos un gran conocimiento de nosotros mismos y aprovecharemos al máximo todas nuestras experiencias. Se puede correr el riesgo de caer en obsesiones o círculos viciosos, lo que podremos evitar si vamos a los hechos y a sus consecuencias directas sin perdernos en evaluaciones morales.

También es aplicable este análisis minucioso a todos los demás elementos de la vida, indicando siempre una búsqueda en profundidad.

AUTORIDAD: Es una representación de la severidad, el deber y la represión. Indica los límites de nuestra libertad y por ello casi siempre marca la existencia de un conflicto. (Ver ACUCHILLAR, ASESINAR y GUARDIA).

AVES: Representan los impulsos anímicos y los deseos

de libertad. Cada una de ellas se asocia a una cualidad en particular. (Ver ALAS y el nombre del ave).

AVELLANAS: (Ver ALMENDRAS).

AVENIDA: Cuando es amplia y se encuentra entre árboles frondosos indica una clara orientación en la vida, en la que nos encontramos satisfechos y que podemos recorrer sin dificultades. En la proporción en que se estreche y reduzcan sus adornos, así también se comprimirá nuestro proyecto vital.

AVERIAS: (Ver ACHAQUES).

AVESTRUZ: Representa la negación de la realidad, cuando esta es desfavorable, por su costumbre de meter la cabeza en un hoyo.
Surge como advertencia de no caer en este error, que sólo puede traernos malas consecuencias. Necesitamos ser más sinceros y afrontar las circunstancias de nuestra vida aunque nos cueste trabajo.

AVION: Representa grandes aspiraciones, ambición y ansiedad. (Ver AUTOBUS).

AVISPAS: Si nos persiguen o nos pican sugieren la presencia de molestias, obstáculos o pesares no muy importantes pero sí dolorosos. Si las matamos es síntoma de haber superado tales inconvenientes.

AYUNO: Es una invitación a reducir la excesiva satisfacción de nuestros apetitos sensoriales. Podemos estar poniendo en peligro nuestra salud física, moral o intelectual.

AZOTAR: Representa un impulso de autocastigo o punición por sentimientos de culpabilidad. Ya seamos nosotros los que recibimos o procuramos los azotes, tendrá este mismo sentido. En el primer caso la autocondena está más asumida conscientemente y en el segundo es fruto de una fuerte represión inconsciente. Sería recomendable suavizar nuestras consideraciones morales y revisar nuestras relaciones afectivas.

AZUCAR: La presencia del azucar en los sueños puede ser una indicación para dulcificar ciertos criterios demasiado severos. Representa también la alegría por su contenido energético, cualidad muy útil en todas las circunstancias de la vida.

AZUFRE: Para algunos tiene ciertas connotaciones maléficas porque suelen asociarlo al diablo. Si este fuera el caso estaría encubriendo una autocondena o sentimiento de culpabilidad.

También es símbolo de purificación y ésta puede llevarse a cabo sin que exista necesariamente ningún sentimiento de culpa. Representa el continuo deseo de superación.

Al mismo tiempo indica la necesidad de potenciar la actividad para no perdernos entre palabras huecas. Guarda relación, igualmente, con el amor, la pasión, el erotismo, la belleza, la energía, la sabiduría y la franqueza.

AZUL: Este color se suele relacionar con los ideales espirituales, los nobles propósitos, la armonía natural y la belleza, por encontralo fundamentalmente en el cielo, los mares y los lagos.

También simboliza nuestras emociones y sentimientos, por lo que pudiera ofrecer el sueño en el que este color sea predominante una indicación sobre nuestra vida afectiva.

En algunos casos puede representar un aviso para no caer en la sensiblería.

# B

BAILE: Representa la forma en que desarrollamos nuestras relaciones con el entorno. Por medio del baile podemos armonizar las polaridades u oposiciones, por lo que encierra un fuerte componente erótico. Dependiendo de cómo se desarrolle éste así podremos sacar conclusiones aplicables a nuestras relaciones sexuales, afectivas, familiares, sociales o laborales, siempre en el sentido del contacto humano y las oposiciones que a través de él se establecen.

BAJAR: Puede indicar el fin de una trayectoria, de una actividad, cuando nos bajamos voluntariamente de un vehículo. También está relacionado con una degradación moral o social, especialmente si la acción se realiza involuntariamente. (Ver ABISMO y ATERRIZAR).

BALANZA: Simboliza el propósito de poner a prueba, medir o juzgar algún aspecto de nuestra personalidad o de nuestra vida en general.

BALCON: Salir a él es símbolo de una apertura hacia el exterior, un mostrarse, y al mismo tiempo establecer un respiro en nuestras actividades.

BALIDO

Puede tener la contraparte de provocar ciertas envidias y por ello conviene tener cuidado con no hacer demasiada ostentación por nuestra posición o trabajo.

BALIDO: Escucharlo es una sugerencia para no prestar atención a los comentarios que sobre nosotros hagan terceras personas. Serán opiniones sin fundamento que no deben distraernos de nuestra senda.

BALLENA: Representa una gran fuerza que surge de las profundidades de nuestro inconsciente. Si sabemos darle la estimación y orientación adecuadas, nos será de gran utilidad. En ningún caso se debe tratar de eliminarla porque ella puede terminar antes con nosotros.

BALLESTA: Simboliza una proyección de nuestra personalidad hacia el futuro.

BALNEARIO: Sugiere un descanso en todas nuestras actividades para equilibrarnos y hacernos más consecuentes en nuestros pensamientos, sentimientos y acciones.

BALSA: Ciertas turbulencias emocionales pueden estarnos llevando por derroteros no muy recomendables. Necesitamos un timón para marcar con más claridad nuestra orientación en la vida.

BANCO: Como lugar para sentarse, es una invitación al descanso y a la reflexión.
Si se trata de una entidad financiera o de ahorro, indica que debemos reconsiderar nuestros intereses actuales porque tal vez estemos dispersando nuestros esfuerzos sin que lleguen a ser del todo productivos.

BANDERA: Representa la hegemonía de una comunidad política, social o de otro tipo. Este símbolo puede sugerir el aliento que necesitamos para seguir hacia delante, el respaldo que nos da seguridad.

BANDIDO: Es una fuerza oculta de nuestro inconsciente que trata de restablecer la justicia en nuestra personalidad ante un exceso de normas o imposiciones, que no nos permiten desarrollar ciertos valores propios.

BANQUETE: Simboliza la necesidad de recuperar la amistad o potenciarla por medio del acto de compartir ciertos dones.

BAÑERA: Llena de agua limpia y perfumada, nos invita a sumergirnos en expresiones emocionales excelsas, inclinaciones artísticas.
Si hubiera algún sentimiento desagradable asociado o el agua estuviera sucia, nos conviene reconsiderar nuestra situación afectiva. (Ver AGUA).

BARANDILLA: Nos ofrece seguridad, ayuda y confianza, cuando está entera.
Si aparece en malas condiciones es que hay ciertos temores o dudas que dificultan nuestro desarrollo profesional o personal.

BARBA: Indica la presencia de ciertos rasgos de imaginación para ayudarnos en la situación actual.
Si nos afeitamos la barba en un sueño sugiere que debemos ser más directos y pragmáticos en nuestras relaciones.

BARCO: Representa la comunicación o el acercamiento a personas que se encuentran muy distantes de nosotros por su forma de pensar, sentir o vivir. Si seguimos esta recomendación obtendremos un beneficio asegurado.

También puede hacer referencia a nuestra pericia para mantener el rumbo y la línea de flotación en las circunstancias difíciles. (Ver AUTOBUS).

BARRANCO: Puede indicar la probabilidad de encontrar dificultades insospechadas. (Ver ABISMO).

BARRERA: Es una dificultad que aparece en nuestro camino y también una ayuda, a pesar de la contrariedad.

BARRIL: Su presencia nos sugiere la posibilidad de encontrar alguna providencia.

BARRO: Es el producto de la mezcla de dos elementos: la tierra y el agua. El primero se refiere a todo lo pragmático, sólido, concreto, mientras que el segundo es disolvente y evoca los sentimientos. Su combinación, por tanto, nos sugiere emociones concretas, pragmáticas, con la particularidad de que en su contacto nos manchamos.

Generalmente se identifica con las bajas pasiones. Si la sensación asociada es agradable resaltará la moldeabilidad del barro para fabricar vasijas y otros objetos con él. Nuestras pasiones pueden ser sublimadas por medio del esfuerzo creativo, el arte y el conocimiento.

Cuando el sentimiento que lo anima es desagradable está poniendo de manifiesto un complejo de culpabilidad.

Necesitaremos, en tal caso, una introspección para corregir los excesos de severidad y reeducar los deseos inconsecuentes.

BASTON: Es un elemento auxiliar que nos permite recuperar la confianza por medio del apoyo, del soporte, o de la posibilidad de atacar o defendernos ante una agresión. Dalí recurría continuamente al bastón en sus sueños y en sus cuadros como medio para mantener y sujetar su naturaleza blanda, su sentimiento de putrefacción, desmoronamiento y decadencia.

BAUL: (Ver ARMARIO).

BAUTISMO: (Ver ABLUCIONES).

BAZAR: Indica un cierto desconcierto y apresuramiento en cuanto a nuestros valores y orientaciones en la vida.

BEBE: El nacimiento de un niño representa la creación de alguna obra, pensamiento o sentimiento propios. Verse convertido en un bebé es el deseo de recibir caricias, atenciones, protección y ser eximido de ciertas responsabilidades. Si esto ocurre debemos prestar atención porque implica una renuncia a ser adultos; una negación de la libertad.

BEBER: Tratándose de vinos o licores en general es un llenarse de entusiasmo, de alegría y de capacidad creadora. Cuando se bebe agua se siente la gratificación de haber calmado un deseo inquietante (la sed), que es a su vez una primerísima necesidad. (Ver AGUA).

BESAR: Representa un acercamiento emocional y directo al objeto o persona que recibe la acción. Puede haber en ello un deseo de compensación por un sentimiento de culpa, una expresión de reconocimiento por algún bien recibido, una despedida o un cinismo. También podría tratarse de un deseo de satisfacer un impulso reprimido.

BIBLIOTECA

BIBLIOTECA: Es un símbolo del conocimiento. Si es nuestra, sugiere la necesidad de recurrir a lo ya adquirido. Si es ajena, indica la conveniencia de informarnos o estudiar mejor el tema que nos preocupa. Cuando la biblioteca está vacía se produce una situación contradictoria entre nuestros conocimientos reales y los que aparentamos.

BICICLETA: Denota la necesidad de relación o acercamiento a quienes se encuentran lejos de nosotros. Pero al no disponer de motor, que nos evite el esfuerzo, éste queda acentuado de forma particular. Se convierte en un requerimiento urgente por nuestra parte para favorecer la comunicación. (Ver AUTOMOVIL).

BIFURCACION: Necesitamos tomar una decisión.

BIGOTE: Puede indicar un deseo de imponer nuestra voluntad por medio de la imaginación, aunque no fuera lo más justo. (Ver BARBA).

BILLAR: Confiamos en la suerte para ver nuestros planes cumplidos.

BILLETES: Suponen un medio de intercambio. Su presencia indica la necesidad de negociar o tratar con otros.

BISTURI: Nos insta a proceder con firmeza y precisión para poner fin a la situación que nos preocupa.

BIZCOCHO: Comerlo es sentirse beneficiado por un don recibido o compartido.

BLANCO: Asociado con la luna, la diosa blanca, encierra el misterio de la vida y la muerte. La primera en cuanto a la maternidad y la segunda en cuanto a la decrepitud. Por esta razón este color puede representar júbilo o luto.

En el primer sentido, como manifestación de alegría, refleja esperanza, virginidad y pureza. Es el cuarto creciente. Puede encarnarse también en la limpia presencia de una niña adolescente. Todo es candor y hermosura sutil. En cuanto a su carácter maternal, es el aspecto arquetípico de la luna llena. Sugiere la potencia creativa de la mujer madura, su sensualidad y el misterio romántico. Invita a seguir el impulso de la intuición.

En el tercer enfoque es el cuarto menguante que anuncia la proximidad de la muerte; la dama de la guadaña. Tiene un sentido más reflexivo, profundo.

Impone la inexorabilidad del fin de todo lo que en algún momento empezó. Soñar en blanco y negro, sin colores, indica una cierta simplicidad de criterios; no saber apreciar posibilidades intermedias entre los extremos. Hay una pobreza de tono vital que debemos esforzarnos por superar viviendo con más intensidad todo lo que nos rodea.

BLANQUEAR: Es un deseo de superar los aspectos desagradables del pasado, abriendo nuevas oportunidades de cara al porvenir.

BLASFEMIA: Indica un estado de rebeldía frente a imposiciones autoritarias. Esta pueden venir de otras personas o de nosotros mismos.

BLASON: Denota un merecimiento u honor recibido.

BOCA: Representa aquello que nos permite comunicarnos más plenamente con el exterior. A través de ésta hablamos, respiramos, bebemos, comemos y besamos. Hay por ello una invitación a potenciar el contacto con los demás y con el mundo, cuando aparece en nuestros sueños. (Ver BESAR y HABLAR).

BODEGA: Es uno de los símbolos del inconsciente. En este caso tiene la acepción de lo jovial, desinhibido y despreocupado.

BOFETADA: Puede tener el sentido de ofensa, humillación, reto y castigo. Su significado dependerá del resto de los símbolos. (Ver GOLPES.)

BOLOS: Verse jugando es síntoma de un oculto deseo de relaciones alegres y placenteras, flirteos o contactos sensuales o sexuales.
También puede ser la necesidad de combinar de forma más satisfactoria la sensibilidad y la intuición con lo empírico y concreto.

BOLSILLOS: Sugiere que hay asuntos supuestamente resueltos que pueden darnos nuevas sorpresas.
Un bolsillo roto indica falta de precisión en nuestras consideraciones, lo cual nos puede ocasionar dificultades o agravios. Cuando se encuentran bien repletos marcan nuestra capacidad de respuestas improvisadas.

BOLSO: Es una acepción más femenina de lo anterior, que también simboliza los secretos íntimos.

BOMBONA: Representa una reserva de energía que encierra un cierto peligro. Debemos prestar mucha atención al uso que hacemos de nuestras capacidades y conocimientos.

**BOMBONES:** Es una pequeña gratificación que nos indica aceptación y acuerdo con nuestra forma de proceder.

**BORDADOS:** Representan un adorno, un deseo de mejorar nuestra apariencia y conseguir por este medio la atención, aceptación o beneplácito de los demás.

**BOSQUE:** Simboliza el inconsciente. En él acechan peligros, turbaciones, incertidumbre y desconfianza.
Si la sensación asociada es de belleza, plenitud o exuberancia, junto con el sentimiento de seguridad mientras caminamos por él, es que mantenemos un gran dominio sobre nuestra personalidad, nos encontramos satisfechos y damos sentido a nuestra vida.
Cuando nos perdemos en el bosque y nos sentimos angustiados es porque hay demasiados miedos, tabúes, represiones y supersticiones en nuestra vida. Sería conveniente hablar con alguien que nos pueda ayudar a superar tal situación antes de dar lugar a que aparezca cualquier patología grave.

**BOTAS:** Indica dominio, posesión o desplazamiento. Dependiendo del estilo de éstas marcará más una u otra de las características mencionadas. Unas botas militares denotan dominio por la fuerza y la violencia. Unas botas de montaña sugieren riesgo y esfuerzo ante el reto de la naturaleza. Unas botas lujosas indican posesiones materiales. Unas botas de deporte simbolizan flexibilidad, ligereza y comodidad.

**BOTELLA:** Es una posibilidad asequible de modificar nuestras emociones en un sentido u otro, dependiendo de su contenido.  Una botella vacía manifiesta desánimo; si está rota, discusiones.  (Ver BARRIL y BEBIDA).

BOTONES: Cuando faltan botones en la ropa se produce una falta de prestancia, descuido o dejadez.

Si se cosen,  sugiere un esfuerzo por superar errores. El material de que estén hechos puede consultarse en su acepción correspondiente.

BOVEDA: Representa nuestro status social o profesional y la capacidad que tenemos de mantenerlo.

BRAZALETE: (Ver ANILLO).

BRAZOS:  Simbolizan nuestra capacidad de relacionarnos con los demás o con el medio, la acción, la fuerza y la amistad. Vernos sin brazos delata un problema afectivo grave.

Si  falta  el derecho es una gran timidez y frustración.  No somos capaces de mostrar nuestros sentimientos a los demás.  Si falta  el  izquierdo  es  insatisfacción  y  ansiedad.  Esto mismo se mantiene,  aunque más atenuado,  cuando  en  lugar  de faltarnos soñamos que nos lo hemos roto.

BRONCE:  Representa  una  sinceridad  ingenua  y  algo primitiva.  Hay un predominio de lo sensitivo sobre lo racional.

BRUJOS:  Es un símbolo onírico infantil relacionado con deseos insatisfechos.  También es una  manera de plasmar las dudas  y temores ante lo desconocido o misterioso de las experiencias cotidianas. En los adultos  puede  tomar  ciertas connotaciones específicas dependiendo  de  las creencias religiosas o supersticiones a las que cada cual se adscriba.

BRUMA: Apunta incertidumbres o la presencia de recuerdos o evocaciones del pasado remoto.

BUEY: Representa bobería, paciencia, sacrificio, explotación enajenada, trabajo, resistencia y fuerza.También indica lentitud y seguridad en los movimientos o acciones de toda índole.

BUHO: Simboliza la sabiduría porque es un ave rapaz nocturna, discreta y precisa, que sabe esperar, situarse y actuar, a pesar de la oscuridad exterior. También es un aviso para estar alerta, con los ojos bien abiertos, ante un posible engaño. (Ver ALAS y AVES).

BUITRE: Indica la presencia de personas que esperan nuestros errores para aprovecharse de la situación y beneficiarse a costa nuestra. Podemos ser también nosotros mismos cuando un exceso de severidad asumida nos lleva a condenarnos continuamente. En esta situación esperamos nuestros propios fallos para reconfirmar el complejo de culpa o pecado.

BUSCAR: Si se trata de una persona refleja inquietud en nuestras relaciones con ella. Puede tener un sentido negativo como atracción fatal o positivo como esperanza.

# C

**CABALGAR:** Suele ser una simbolización de nuestra actividad sexual. Dependiendo si es el jinete o el caballo quien marca el rumbo y la velocidad, así será nuestra acción más racional o irracional.

**CABALLO:** Representa la fuerza pasional que puede ser domada y ponerse al servicio de la voluntad racional. Requiere, no obstante, un cierto respeto, amabilidad y entereza de carácter por parte del amo. Su presencia en el sueño indica tratar nuestras pasiones o impulsos en esta misma forma.

También guarda relación con los desplazamientos, aunque en este sentido es ya menos usual por haber sido sustituido por las máquinas. (Ver ANIMAL, ASNO, AUTOMÓVIL y BICICLETA).

**CABAÑA:** Evoca la vida en el campo, la sencillez de costumbres y las relaciones directas con el entorno. Puede ser una reacción ante un exceso de automatismos y artificialidad ciudadana o un deseo de eludir presiones y responsabilidades.

**CABELLO:** Representa la fuerza superior de la voluntad y el conocimiento. Cuando se trata del vello corporal representa

146

la energía o resistencia instintiva, pulsional. La caída o pérdida del cabello indica temor, inseguridad y debilidad.

Si se trata de una reducción o corte voluntario indica liberación, renuncia o sacrificio.

CABESTRO: En algún sentido nos estamos dejando tiranizar o esclavizar por otros. Pongamos remedio antes de que sea demasiado tarde.

CABEZA: Representa la inteligencia o el impulso anímico de nuestra personalidad.

Si nos vemos con la cabeza separada del cuerpo y la sensación asociada es agradable indica cambios en nuestra situación personal con un progreso hacia la liberación creativa. Cuando el sentimiento correspondiente es desagradable advierte de un riesgo de esquizofrenia o doble personalidad. Está vinculada al color amarillo. (Ver AMARILLO).

CABRA: Puede indicar libertad, agilidad o capricho, si se trata de una cabra salvaje, o beneficio y utilidad, si es doméstica. El macho cabrío representa potencia sexual. Cuando se asocia a algo negativo, como puede ser el símbolo del diablo, manifiesta una autocondena y automarginación.

CADAVER: Sugiere el fin o la muerte de alguna situación o proceso. (Ver AHORCADO).

CADENAS: Simboliza una correlación lógica, ya sea en orden de consecuencia o de simple asociación evocativa de hechos.

También pueden denotar ataduras, frenos, temores o pesares. (Ver ANILLO).

CAER: (Ver ABISMO).

CAFE: Tomar café representa una activación de nuestra capacidad de respuesta. Será una señal positiva especialmente ante una circunstancia que nos exija mucha atención, reflejos o ingenio.

CAGAR, CAGADA: (Ver EXCREMENTOS).

CAJA: (Ver ACUMULAR, ALFORJAS, ARMARIO y BOLSO).

CALABAZA: Representa la sabiduría natural cuando está completa y la ignorancia cuando pierde sus pipas o se queda seca.

CALCULO: Realizarlo durante el sueño es síntoma de una preocupación por las cuestiones económicas. Cuando su resultado es positivo y no nos sentimos agobiados por el esfuerzo, refleja nuestro dominio de la situación. En caso contrario será una advertencia para ser más cautos en este sentido.

CALENDARIO: Nos permite situarnos con claridad y precisión en el curso de nuestra temporalidad. Por su mediación adquirimos un cierto dominio sobre lo inevitable. Esto nos permitirá confiar en que la organización y la observación minuciosa nos llevarán a superar lo que parece irremediable.

CALLE: (Ver AVENIDA).

CALLEJON: Especialmente cuando no tiene salida se asocia con la angustia, el desánimo y la depresión. (Ver AHOGADO).

CALLOS: Representan el trabajo duro y el esfuerzo. En muchas ocasiones pueden indicar pérdida de sensibilidad, rigidez y aislamiento. (Ver ARMADURA).

CALZADO: (Ver BOTAS).

CAMA: Es el lugar del reposo y el descanso. Cuando la sensación que nos produce es desagradable puede indicarnos la presencia de una enfermedad en proceso de incubación. Si somos capaces de poner remedio a tiempo evitaremos su manifestación; si no, tendremos que soportarla postrados en cama. Al estar animada por un sentimiento agradable puede anunciar un período de descanso o felicidad. También la cama refleja el estado de las relaciones con nuestra pareja.

CAMELLO: Este animal representa la perseverancia, la frugalidad y la resistencia, así como el fanatismo y la esclavitud heroica. En la actualidad se ha asociado esta palabra con el tráfico de drogas, por lo que también ha de tenerse en cuanta esta posibilidad de simbolización. En este caso podría indicar la presencia de alguna actividad fraudulenta, marginal o degenerativa.

CAMILLA: Nos evoca enfermedades o accidentes. Tomemos precauciones para evitar ambas cosas por medio de la prudencia y moderación.

CAMINO: Es una orientación de sentido y propósito en nuestra vida. (Ver ATAJO y AVENIDA).

CAMION: (Ver AUTOBUS y AUTOMOVIL).

**CAMISA:** Se mantiene en continuo contacto con nuestra piel. Nos protege y nos acaricia. Su presencia como símbolo indica la necesidad de íntima comunicación y afecto. La camisa rota o desgarrada sugiere abatimiento, pesar y desconsuelo; una pérdida sentimental. Si está sucia denuncia desengaños y abandono. Lavar una camisa significa rectificar o perdonar ofensas o injurias.

**CAMPANA:** Es un anuncio o llamada al espíritu con ocasión del júbilo o de algún pesar extraordinario.

**CAMPEON:** Refleja espíritu de superación y la aplicación del esfuerzo para poder alcanzar las metas.

**CAMPESINO:** Cuando se trata de un agricultor hay una sugerencia de sembrar para después recoger, junto con la constancia en los cuidados y la paciencia para lograr la madurez.
También puede representar la idealización de la vida rural frente a la urbana. (Ver CABAÑA).

**CAMPO:** (Ver AGRICULTURA y CABAÑA).

**CANAL:** (Ver AGUA, ARROYO y AVENIDA).

**CANASTILLA:** Recuerda un embarazo o nacimiento y por ello también la sugerencia de crear ideas, obras o emociones propias. (Ver BEBE).

**CANDADO:** Es una invitación a la discreción y una advertencia ante la cerrazón o incomunicación.

**CANDELABRO:** Siendo el soporte de la discreta luz de las velas, nos insta a favorecer la sensibilidad corporal como medio para el desarrollo de la intuición y de la razón. Si se apaga o no se ha encendido es porque los prejuicios, las supersticiones o la ignorancia nos impiden tener luz propia.

CANGREJO: Sus características principales son el medio acuático en el que mora, el desplazamiento retrógrado y su duro caparazón. Por ello simboliza un predominio de las emociones con una mezcla de dudas, indecisión, una gran susceptibilidad y exceso de sensibilidad, que lo hace aislarse.

A través de su presencia en nuestros sueños recibimos la advertencia de no dejarnos llevar por nuestros sentimientos ni por los prejuicios, que podrían impedirnos el avance con dudas, remordimientos y sospechas infundadas.

CANIBAL: La costumbre de devorar a los extranjeros es una pretensión sagrada de acercamiento y aposesionamiento de la divinidad. Consideran que ésta habita en el más allá, tras los límites de su poblado o comarca. Por ello interpretan que los extranjeros son dioses y se los comen para alcanzar la divinidad.

Nosotros mantenemos rasgos primitivos de este canibalismo cuando buscamos los valores creativos, divinos, de nuestra existencia en el exterior, en el más allá. Este símbolo onírico nos invita a reflexionar sobre el riesgo de enajenación y disolución de la personalidad, al preferir las pautas externas a las propias, sin hacer el más mínimo esfuerzo de evaluación y autodeterminación.

CANOA: (Ver BALSA y BARCO).

CANCION: Por su mediación tenemos la oportunidad inmediata de sublimar ciertas penas o sufrimientos, así como expresar y compartir la alegría, tanto en los sueños como en la realidad.

**CANTARO:** Suele representar a una mujer por su condición de recibir y llevar líquidos (emociones) en su interior. Nos sugiere fijarnos en la fémina evocada o en el aspecto correspondiente de nuestra personalidad, el arquetipo del ánima, para compensar un posible exceso de aridez y brusquedad masculina.

**CAÑA:** Indica un cierto carácter de banalidad y fragilidad en nuestros planes o en las personas que nos rodean. Falta madurez. (Ver: JUNCO).

**CAPA:** (Ver ABRIGO).

**CAPUCHA:** Representa la intención de ocultamiento. El encapuchado quiere pasar desapercibido en presencia, actos, pensamientos, emociones o propósitos. Su finalidad puede ser la humildad, la represión, el enmascaramiento, la intriga o la malicia. (Ver ACTORES).

**CARA:** Como espejo del alma, encarna nuestra propia situación psicológica o la de cualquier otra persona a la que hiciera referencia, en cuanto a la relación que mantiene con nosotros.

Una deformación o exageración de alguno de sus rasgos indica esto mismo de la facultad o función correspondiente. Por ejemplo, una boca grande puede invitar a considerar que se habla demasiado, al igual que en la expresión «ser un bocazas». Una nariz excesivamente grande sugiere imposición de voluntad o de intereses, como cuando se dice «mete la nariz donde no le llaman». El acrecentamiento de los ojos denota atención, que también pasa a las expresiones populares con «tener los ojos bien abiertos». Carecer de ellos o que permanezcan cerrados es una ceguera intelectual o emocional:

«ojos que no ven, corazón que no siente». (Ver ACICALARSE, BARBA y BIGOTE).

CARBON: De él nos destacan su cualidad de combustible, la posibilidad de mancharnos y su color oscuro o negro. En cuanto a lo primero simboliza energía oculta que puede movernos a la acción. Su presencia puede advertir de la necesidad que de ella tenemos. Su condición de sucio o incitador de suciedades se refiere a una cierta condena moral. La oscuridad o el color negro indica ignorancia, superstición y temor, si el sentimiento asociado es desagradable. Siendo éste agradable se trataría de discreción, reserva, silencio, humildad o sigilo.

CARCEL: Supone alguna marginación, debida a un sentimiento de culpa o rechazo por parte de otros. En cualquier caso invita a reflexionar y reconsiderar nuestro proceder. (Ver AHOGARSE y ARMADURA).

CARDO: Nos sugiere asperezas, desagrado, algo punzante y alimento de asnos. Su simbolismo tendrá que ver con estas mismas sensaciones vividas psicológicamente, como producto de desengaños, rencores, temor o infelicidad.

CARETA: (Ver ACTORES).

CARMIN: Este color proviene de la mezcla de dos partes de rojo básico y una de azul. Por ser el primero el de la acción y la naturaleza pasional y el segundo el de los ideales espirituales y las emociones, su combinación proporcional nos ofrece una situación difícil de lucha entre deber y placer, idealismo y pragmatismo, contemplación y acción, con un predominio de las segundas partes frente a las primeras.

CARNAVAL

CARNAVAL: Es una ocasión en la que se favorece y recomienda la desinhibición. Y no debe desestimarse porque puede ser muy útil para nuestra salud psíquica. También sugiere la necesidad de compensar y equilibrar actuaciones desmesuradas.

CARPA: Este pez representa emociones o presentimientos sobre los que conviene ser discreto.

CARPINTERO: Representa una actividad para la que se necesita una cierta sensibilidad artística, técnica y experiencia. Si no potenciamos estas cualidades nuestra vida o proyectos terminarán convirtiéndose en chapuzas.

CARRO: Simboliza la naturaleza humana o la interacción de las diferentes partes del aparato psíquico. El vehículo propiamente dicho representa el cuerpo humano, los animales que tiran de él son las fuerzas vitales y el conductor asume la inteligencia, imaginación y voluntad.

Hoy en día es menos usual y suele aparecer como automóvil. Si se encontraran los dos en el mismo sueño indicaría una cierta añoranza por el pasado o por la vida rural. (Ver ASNO, AUTOMOVIL y CABAÑA).

CARROZA: Distinción, sensibilidad y carácter soñador. (Ver CARRO).

CARTA: Suele representar el deseo de recibir alguna noticia que nos saque de una incertidumbre o desánimo.

Si fuera la carta de un amigo es porque necesitamos apoyo moral o poder desahogarnos con alguien desconfianza.

Cuando su procedencia es de alguna institución o empresa es porque anhelamos cambiar nuestra situación laboral o profesional.

En un caso u otro es una recomendación para actuar en ese sentido. Si no encontramos amigos en quienes poder confiar, recurramos a la ayuda de un profesional.

También deberemos prepararnos para poder optar a una posible promoción o cambio de trabajo.

CARTERA: (Ver ALFORJAS y BOLSO).

CASA: Este es el símbolo de nuestra personalidad y moralidad, en el sentido de morada o lugar en que se habita física, intelectual o emocionalmente. Cada una de sus partes se relaciona con nuestras diferentes funciones o facultades, especialmente cuando aparezca como construcción unifamiliar de varios pisos. Su simbolismo nos será fácil de identificar si reflexionamos sobre lo que hacemos en cada una de las habitaciones o dependencias. Cuando aparece una bodega, cueva, sótano o pozo, será la representación del inconsciente. (Ver APARTAMENTO, BALCON, BODEGA y CABAÑA).

CASCO: (Ver CAPUCHA).

CASTAÑAS: Es un fruto relacionado con el invierno y la escasez, por lo que sugiere previsión y provisión.

CASTILLO: Bajo esta referencia se unen los simbolismos de la casa o morada a los de la fortaleza. No es tan sólo un lugar donde se habita sino que además constituye una plaza fuerte, permanente y segura. Tales condiciones de solidez, respaldo y protección exteriores facilitan la introspección, la sensibilidad artística, la investigación y contemplación espiritual para quienes están libres de las labores militares, que también implica.

Se produce un intenso aislamiento del mundo que, dependiendo del sentido que se le dé podrá ser positivo o negativo.

Para todos es conocido que Teresa de Jesús presentó su tratado de psicología mística a través de esta imagen: Las Moradas del Castillo Interior. Y en tal obra describe los diferentes pasos del proceso de interiorización y perfeccionamiento hasta llegar a la séptima morada, la central, donde reside el Señor; el arquetipo junguiano del Self o Sí-mismo. El resplandor del símbolo en nuestro sueño puede indicarnos el grado de sutileza y transcendencia que ponemos en él. De la oscuridad y ceguera se pasa a las tinieblas llenas de monstruos hasta ir logrando limpiar, poco a poco, las moradas. Finalmente se llega al centro de nosotros mismos, a nuestra plena potencia creadora, donde se encuentra nuestro tesoro más preciado envuelto en una luminosidad sin parangón. (Ver ARMADURA y CASA).

**CATASTROFE:** Representa muerte, destrucción y fin de un mundo, condición indispensable para el comienzo de algo nuevo. Cuanto más intensa y terrible sea más nos anunciará la llegada de un brillante porvenir. Pero éste no nos caerá llovido gratuitamente del cielo; hay que trabajarlo.

**CATEDRAL:** Exenta del sentido militar del castillo, puede tomarse también con el mismo sentido de éste. (Ver CASTILLO).

**CAVERNA:** Con un matiz más arcaico y austero, representa la profundidad del inconsciente que ya veíamos en la bodega. (Ver BODEGA).

**CAZA:** Refleja un cierto espíritu aventurero en el que se enfatiza el acoso y el ataque. Tales condiciones manifiestan rebeldía ante alguna situación no aceptada de represión, opresión o frustración. En lugar de acometer contra la pieza deberíamos aprender a convivir y a beneficiarnos de su presencia. No nos ayuda la violencia sino la capacidad de encontrar soluciones creativas y superadoras de lo inadecuado o injusto.

**CEBADA:** Representa abundancia y prosperidad.

**CEBOLLA:** Simboliza el arquetipo del sí mismo oculto por todas las capas que lo envuelven. Nos indica que el camino para llegar al propio conocimiento puede ser desagradable y hacernos llorar. Pero si aprovechamos cada etapa y la masticamos, la comprendemos adecuadamente, la cebolla nos proporcionará sus propiedades curativas. Comprender esto nos permitirá descubrir el secreto de la eterna juventud.

Tiene el mismo sentido alquímico que el V.I.T.R.I.O.-L.U.M. (visita el interior de la tierra y rectificando encontrarás la piedra oculta, medicina universal).

**CEJAS:** Defienden los ojos del sudor de la frente y les proporcionan un marco de realce. Por ello simbolizan en nuestros sueños ciertos juegos o afeites que utilizamos como insinuación tentativa de nuestras emociones. Su presencia nos hace considerar la necesidad de la discreción en nuestras relaciones.

**CEMENTERIO:** Es una invitación a la reflexión sobre un estado terminal. Si se repitiera mucho revelaría una obsesión neurótica que sería conveniente tratar con alguna psicoterapia adecuada. (Ver ADUANA, AHORCADO, y CADAVER).

**CENIZAS:** Son resultado de la combustión. A ellas queda sometido todo lo que entra en contacto con el fuego de la vida, en cuanto a lo visible. Al mismo tiempo sugieren que algo más sutil ha escapado en una sublimación. Debemos tener en cuenta los resultados de nuestras acciones no sólo por los efectos materiales, observables, que produzcan sino también por las emociones que provoquen.

CENTINELA: Está reflejando un estado de alerta para no ser sorprendido o engañado por otros. También indica la vigilancia que necesitamos para con nosotros mismos. No debemos dejar que nos arrastren las justificaciones banales para ahorrar esfuerzos. Hay que saber mantener la posición y ser consecuentes con nuestras propias decisiones o compromisos adquiridos. (Ver BUHO).

CEPILLO: Nos sirve para eliminar el polvo y las pelusas de nuestra ropa. Con ello se indica la necesidad de recuperar integridad y claridad, sin permitir que las pequeñas adherencias o sentimientos superficiales alteren nuestros propósitos fundamentales. También puede sugerir la idea de estar supeditado a otro, especialmente en el caso de algunas mujeres con respecto a sus maridos, dando lugar a insatisfacciones y frustraciones.

CERDO: Es una representación común de quien se deja llevar por los bajos instintos y pasiones sin mantener en ellos ninguna dirección creativa, propiamente humana, especialmente si aparece sucio y lleno de lodo.

Si lo vemos limpio resaltará el sentido de utilidad en cuanto a que de este animal se aprovecha todo para la alimentación humana. Sería en este caso una invitación al pragmatismo.

Cuando se trata de la hembra, en especial si se encuentra rodeada o amamantando a sus cachorros, refleja satisfacción y abundancia.

CEREZAS: Verlas es un síntoma de alegría y comerlas, el presentimiento de que conseguiremos nuestros propósitos.

CERRADURA: Soñar con una cerradura siempre significa que nos hallamos ante un problema, un cambio de situación o un dilema.

Si somos capaces de abrirla y seguir adelante, la respuesta que buscamos es afirmativa y en caso contrario, negativa.

Cuando se fuerza la cerradura se denuncia una falta de escrúpulos para satisfacer los deseos o imponer nuestra voluntad. Debemos tener muy en cuenta el lugar en el que se encuentra la cerradura o a qué tipo de puerta corresponde para precisar mejor su significado. (Ver CANDADO).

CERROJO: Representa la voluntad de fijar y concluir un tema. (Ver CANDADO).

CERVEZA: El trabajo que desarrollamos o proyectamos nos supondrá un gran esfuerzo, pero finalmente merecerá la pena.

CESPED: Es un símbolo de esperanza y alegría. Podemos confiar en que nuestros buenos propósitos y acciones serán correspondidos con éxito.

CESTA: (Ver ALFORJAS).

CHOPO: Representa añoranza y melancolía.

CICATRICES: Simbolizan sufrimientos pasados, ocultos o disimulados. También pueden denunciar la presencia del rencor.

CIEGO: Vernos en esta situación nos indica que nos encontramos incapacitados en la actualidad para juzgar o considerar un hecho en todas sus dimensiones.

También puede reflejar una fijación u obsesión por algo. Ayudar a un ciego manifiesta una buena disposición interior para atender las necesidades de otros y responder ante ellas. Nos será útil si estamos proyectando algún negocio. (Ver CARA).

CIELO: Simboliza nuestras aspiraciones y deseos, tanto materiales como espirituales.

Si lo contemplamos a la luz del día nos indicará apertura y claridad en nuestros propósitos. Cuando es el cielo nocturno el que aparece indicará orden y equilibrio si está estrellado y entusiasmo si lo iluminara la luna. (Ver AZUL).

CIENO: (Ver BARRO).

CIERVO: Representa prestancia y nobleza. Verlo con una grandes astas es indicativo de elevación. Su presencia en el sueño puede sugerir la proximidad de una promoción o ascenso profesional o social.

CIGARRA: Indica falta de previsión o despilfarro.

CIGÜEÑA: Puede indicar la proximidad de un nacimiento, así como piedad filial o viajes.

CINE: La evocación de una película o escenas de la misma puede ser una ocasión para plantear una situación propia. En ese caso debe interpretarse como cualquier otro sueño.

Dependiendo de cual sea el papel que nos corresponde:

director, guionista, técnico, actor o espectador, así también nos sentimos en cuanto a las actividades que estamos desarrollando en la vida real.

CINTAS: Simbolizan algo pasajero y agradable.

CINTURON: (Ver ANILLO).

CIPRES: Representa inmortalidad y permanencia. Se ha asociado también a la muerte y la desgracia. (Ver ABETO y CEMENTERIO).

CIRCULO: Es símbolo de perfección y eternidad. También representa la maternidad y lo femenino en general. Si estamos dentro indica protección.

CIRIO: Nos sugiere la idea de la vida personal, de los esfuerzos por conocer lo que nos rodea y del transcurrir del tiempo que nos consume lentamente. También nos hace pensar en algo grande, pesado y lento; una tarea complicada.

CIRUELAS: Soñar con ciruelas expresa deseos sexuales, que serán gozosos y compartidos si están maduras. Cuando están verdes indican que nuestros deseos no se realizarán aún.
Si se tratara de ciruelas pasas sería una recomendación de cautela. Debemos reflexionar y tomarnos más tiempo para decidir sobre nuestros planes.

CIRUJANO: (Ver BISTURI y CAMILLA).

CISNE: Simboliza la elegancia, armonía y serenidad. En este sentido puede presagiar gloria y fortuna.

**CLARIDAD:** Independientemente de lo que un símbolo indique debemos tener siempre presente la claridad con que aparece en el sueño. Esta acentuará siempre sus aspectos positivos y reducirá los negativos.

**CLAVEL:** Representa el amor y la pasión por su apariencia explosiva. Cuando es un clavel rojo enfatiza más el carácter pasional y cuando es blanco, el amor desinteresado. Consultar el color en particular para más detalles.

**CLAVOS:** Cuando están nuevos indican una mejora en nuestras condiciones laborales. Si están oxidados y torcidos representan dificultades. (Ver AGUJAS).

**COCINAR:** Lo primero que debemos tener presente es si la cocina se encuentra bien equipada en cuanto a enseres y alimentos. Esto nos dará idea de los medios con los que contamos en la actualidad. También lo que ocurra en ella tendrá una correspondencia con nuestra vida real. Si se quema la comida o no sale bien indica que, a pesar de la buena voluntad, nos queda mucho que aprender para lograr el éxito. (Ver ALQUIMIA y CASA).

**COCODRILO:** Representa las inclinaciones sombrías y agresivas del inconsciente; traiciones, envidias o rencores. Debemos reconsiderar nuestra actitud para no condenarnos a vivir siempre arrastrándonos por el lodo y sin amigos.

**CODORNIZ:** Simboliza el ardor sentimental, impulsivo e inconstante. Puede denunciar infidelidades, perfidias y pérdida de amistades.

162

COFRE: (Ver ARMARIO).

COHETE: Alegría momentánea y pasajera.(Ver AVION y COMETA).

COITO: (Ver SEXO).

COJO: La cojera puede referirse a un defecto o herida físico o moral. Soñarnos con esta condición representa retrasos, impedimentos o imposibilidad de conseguir aquello que deseamos alcanzar.

COLERA: Supone perder el control de las acciones voluntarias y por lo tanto reflejar una situación estresante o que nos sobrepasa. Es conveniente relajarse y descansar. Si es otra la persona colérica tal vez nos sintamos culpables por las dificultades que surjan en nuestras relaciones.

COLINA: Es una elevación del terreno que permite distinguir mejor el entorno. Si nos vemos subiendo a una con entusiasmo representa una mejora en nuestra situación social o laboral.
Cuando nos vemos oteando el horizonte desde la colina es porque estamos proyectando un cambio en nuestros planes y metas.

COLMENA: Simboliza una estructura social muy bien organizada.
Si la sensación asociada es agradable nos sugiere poner más orden en nuestras actividades y relaciones con los demás. Cuando el sentimiento que lo anima es desagradable puede indicar una sensación de agobio o angustia porque no disponemos de espacio para la soledad y el silencio contemplativo.

COLORES: Suelen asociarse a determinados reinos, elementos o sustancias de la naturaleza y su constante presencia ha impresionado vivamente la observación humana. Han alcanzando un simbolismo universal y básico, imprescindible, para la interpretación onírica. Traducen nuestras tendencias e impulsos íntimos, por lo que se convierten en complementos valiosísimos. Los tres colores fundamentales para la interpretación son: amarillo, azul y rojo. A estos siguen en orden de importancia el verde, el violeta, el carmín y el naranja. Para el tema que nos ocupa no podemos considerar como colores el blanco, el gris y el negro. Estos representarían una etapa previa. (Ver cada uno por separado).

COLUMNA: Simboliza el apoyo y su combinación, la estabilidad. Dos columnas simbolizan los pares de opuestos, entre los que se desarrolla la vida, la pareja, el matrimonio, la madre y el padre, el sentimiento y la acción. Aunque el auténtico equilibrio se alcanza cuando aparecen tres. La emoción y la actividad humana se equilibran con el pensamiento sereno; el matrimonio se fortalece con los hijos.

Cuando vemos derrumbarse una columna es porque internamente estamos perdiendo equilibrio, ya sea por una enfermedad en incubación o porque hemos perdido alguna ilusión o el sentido que guiaba nuestra vida.

Debemos tratar de poner remedio lo antes posible, antes de que se nos caiga el edificio entero.

COLLAR: (Ver ANILLO).

COMER: Puede tener un origen puramente fisiológico como deseo de satisfacer el hambre. Pero esta necesidad de alimentarse nos lleva también a pensar en razones de orden psíquico, intelectual, emocional, afectivo, profesional o social.

Si comemos algo que no nos gusta estamos simbolizando que no encajamos bien en nuestra situación actual, en cualquiera de los aspectos citados, y que nos mantenemos en ella únicamente por presiones externas y la incapacidad de plantear nuevas alternativas. Cuando comemos sin masticar es que nos sentimos obligados a aceptar (a tragar) cosas que no comprendemos. Puede darse también una inclinación a comer carne cruda, lo que pone en evidencia el deseo de mantener relaciones sexuales.

Esto mismo es aplicable cuando aparece el comedor de nuestra casa, puesto que representaría estas mismas funciones expresadas en este caso a través de la decoración y los muebles. (Ver CASA).

COMETA: El cometa o la estrella errante representa situaciones pasajeras, fugaces. Cuando se asocia con relaciones o personas nos induce a pensar que éstas son poco estables y no debemos poner nuestra confianza en ellas. Pero sí serán buenas para cualquier asunto que implique desinterés o diversión. Si se tratara de una cometa infantil que estamos volando, hay implicado un deseo de súplica o esperanza idealista. (Ver ASTROS).

CONCHA: Simboliza fecundidad. Suele ser el apelativo familiar del nombre Concepción. De una nace Venus o Afrodita y en algunos países (Argentina) representa los órganos genitales femeninos. Por todo ello, en los sueños, aparece también sustituyendo a una mujer o expresando algún tipo de relación erótica. Podemos entenderlo igualmente como invitación a la creatividad, anuncio de prosperidad venidera, de un viaje o algún tipo de placer en general.

CONEJO: Debido a su gran capacidad de reproducción, se asocia a la sexualidad. Al igual que el anterior, también sirve para identificar los órganos genitales femeninos. Si vemos correr un conejo de nosotros hacia otra persona es que nos atrae sexualmente. Lo mismo ocurre si nos encontramos jugando con ellos, sin ser nuestros.

CONSEJOS: (Ver ABUELOS).

CONTABILIDAD: (Ver ACREEDOR, ACUMULAR y BANCO).

CONVALECENCIA: (Ver CAMA).

CONVENTO: Refleja el deseo de huir de los conflictos y responsabilidades de la vida, lo que trasluce un estado de desilusión y contrariedades que superan nuestras capacidades. A menos que en la vida real existan deseos de emprender una vida religiosa, revela inmadurez en el soñador.
(Ver CASTILLO y CATEDRAL).

COPA: Especialmente en su forma de cáliz, ha sido asimilada tradicionalmente al corazón humano, compartiendo con él el simbolismo del amor, la revelación y la inmortalidad. Brindar con una persona es el deseo de compartir con ella el amor y la felicidad. Beber en la misma copa simboliza la unión o compartir la vida. Romper la copa después de brindar indica la renuncia a compartir la vida con otra persona distinta de aquella con la que nos encontramos. (Ver AGUA y BEBER).

CORAZA: (Ver ARMADURA).

**CORAZON:** Simbólicamente, en él se crea y se concentra la vida, el sentimiento y la sabiduría. (Ver COPA).

**CORDERO:** Representa la candidez, la ingenuidad, la inocencia y la ternura, especialmente si es pequeño. En otro sentido también refleja la sumisión, la ignorancia y la ceguera. (Ver BALIDO).

**CORONA:** Estar coronado indica el logro de una empresa, la superación y el triunfo. Si ésta es de flores anuncia placer; de laurel, triunfo en la competición; de azahar, compromiso matrimonial; de pámpanas, como la de Baco, popularidad, sensualidad y alegría; de hiedra, amistad sincera; de oro, dignidad; de olivo, sabiduría; de espinas, sacrificio o sufrimiento.

**CORRER:** Ya sea para prevenir o huir, si no logramos avanzar o hay obstáculos insalvables, representa una sensación de angustia e impotencia. Debe prestarse especial atención a la salud nerviosa, emocional y física. (Ver AHOGARSE).

**CORTAR:** Indica la presencia de miedos o conflictos emocionales que nos angustian y de los cuales no podemos librarnos. (Ver BISTURI).

**COSECHA:** Representa la riqueza y la alegría por recoger los frutos producidos con esfuerzo. (Ver AGRICULTURA).

**CRECER:** Cuando algún objeto, planta, animal o persona crecen desmesuradamente en nuestro sueño es porque aumenta proporcionalmente su valor simbólico.

**CREPUSCULO:** (Ver ADUANA y AMANECER).

CRIADOS

CRIADOS: (Ver ACTORES).

CRIMEN: (Ver ACUCHILLAR y ASESINAR).

CRISTAL: Representa el espíritu y el intelecto, así como la sinceridad, por su condición de cuerpo sólido y transparente.

CRUCERO: (Ver AGUA y BARCO).

CRUZ: Tiene un amplísimo simbolismo en todas las culturas y se identifica, por tanto, como uno de los arquetipos del inconsciente colectivo. Existen muchos tipos de cruces y cada una de ellas con un significado específico. En general podemos ver, en su representación más simple, la indicación de los cuatro puntos cardinales y la imagen del cuerpo humano con los brazos extendidos. Con respecto a su presencia como cruce de caminos o la indicación de las cuatro direcciones, nos insta a tomar una decisión definitiva. Nos invita a hacernos conscientes de nuestras posibilidades y a ejercer la libertad en la elección.

Como símbolo del cuerpo humano nos sugiere contemplarnos a nosotros mismos en el encuentro del pensamiento, el sentimiento, la actividad y los hechos, en una unidad consolidada por la generación creativa desde el centro, el corazón. Debemos recuperar este equilibrio y ser consecuentes con nosotros mismos, pues podemos haber olvidado lo que somos, ante las presiones e intereses ajenos.

CRUZAR: Esta acción representa que debemos acceder a un nivel o situación distintos de los actuales, siendo imprescindible para el logro de tal propósito sortear un obstáculo o barrera que tratará de impedírnoslo. Si lo que cruzamos es una calle, la barrera nos la encontraremos en algún tipo de relación social;

si es algún lugar natural, tendrá origen interno. Cuando se trata de un río, el obstáculo es el agua y por tanto las emociones.

**CUADERNO:** Los cuadernos escolares o el diario íntimo infantil representan la nostalgia por el pasado.

Si se cierra rápidamente es porque tratamos de volver atrás, huyendo del presente, pero nos indica que sería un error: así no solucionaremos nuestro problema. Cuando el cuaderno aparece en blanco es porque desearíamos borrar nuestro pasado.

**CUADRO:** Pintarlo o contemplarlo sugiere un deseo de escapar de la realidad. Si se trata de un cuadro muy atractivo puede suponer el peligro de valorar más la fantasía que la realidad, con el consiguiente riesgo de desequilibrio psicológico. Cuando es un cuadro poco seductor o desagradable es que la fantasía nos hace sentir con mayor fuerza la cruda realidad.

**CUBO:** Lleno de agua limpia representa satisfacción emocional. Cuando su contenido es sucio se trata de disgustos o contrariedades afectivas.

**CUCHILLO:** (Ver BISTURI).

**CUCO:** Simboliza la envidia, la pereza y el parasitismo, significados que se derivan de su costumbre de poner huevos en el nido de otros pájaros para que los incuben. Su canto anuncia la primavera; la llegada de algo mejor.

**CUERDA:** Una cuerda colgada es un medio para alcanzar un plano superior o escalar posiciones sociales o profesionales. Cuando está en el suelo o en nuestra mano es una llamada de atención con respecto a nuestras actividades.

CUERNO

**CUERNO:** Representan fuerza, fertilidad y paciencia, cuando se trata de toros o vacas. Los de carnero son símbolo de agresividad. Es también un símbolo fálico.

**CUERPO:** Vernos el cuerpo manchado indica problemas morales o económicos. Cuando está hinchado o crecido es un aumento de influencia. Si es muy flaco será debilitamiento y pobreza en general.
Cuando se trate de alguna parte del cuerpo en particular debe consultarse por su nombre.

**CUERVO:** En la antigüedad se consideraba mensajero de los dioses, signo de prosperidad y sabiduría, conductor de los ejércitos y conjurador de la mala suerte, fundamentalmente por su capacidad y riqueza de comunicación.
Actualmente se considera más como símbolo de desgracias por las connotaciones y prejuicios sobre el color negro de su plumaje. Pero deben tenerse en cuenta ambas acepciones.
(Ver BUITRE).

**CUEVA:** (Ver BODEGA y CAVERNA).

**CUMBRE:** Representa una meta de importancia proporcional a su altura. (Ver COLINA).

**CUNA:** Una cuna vacía es nostalgia y deseos de regresión. Pone de manifiesto un estado de inseguridad e insatisfacción.
Mecer a un niño es signo de felicidad conyugal.
(Ver CANASTILLA).

# D

DADOS: Representan el azar y la piedra cúbica. Lo primero puede conllevar un sentido fatalista o de impotencia ante el destino; deberíamos reaccionar poniendo más empeño en dirigir nuestra propia vida y no sentirnos arrastrados por ella. La piedra cúbica es la representación del esfuerzo por dominar las circunstancias más duras y someterlas al gobierno de nuestra voluntad racional.

DAGA: Simboliza un corte, herida o ruptura violenta, posiblemente a traición o inesperada que producirá dolor o sufrimiento moral. Si estuviera en manos de una mujer puede representar calumnias o chismorreos. (Ver ESPADA).

DAMERO: La combinación de cuadros blancos y negros representa la dialéctica de la vida o la continua oposición de los contrarios. (Ver AJEDREZ).

DARDO: (Ver FLECHA).

DEDOS: Representan seres próximos a nosotros y a los que nos une una fuerte relación. Dependiendo del aspecto que presenten así observamos su salud o su estado afectivo.

También pueden simbolizar nuestras capacidades prácticas o la posibilidad de comunicarnos con los demás.

**DEFORMIDAD:** Puede ser indicativo de un impulso íntimo mal encauzado o una atracción o repulsión no aceptada conscientemente. Cuando la deformidad es por la exageración de un miembro u objeto será indicativo de la gran importancia que en un momento éste tuvo para nosotros. Para más detalle, ver el miembro u objeto en particular.

**DEGOLLADO:** (Ver CABEZA).

**DELANTAL:** Simboliza el trabajo y la protección contra los peligros que puedan derivarse del mismo, cuando se encuentra limpio. En caso contrario la suciedad representa discusiones o desorden laboral.

**DELFIN:** Indica alegría, amistad, salvación y rapidez. Nos hallamos en el buen camino.

**DEPOSITO:** (Ver ACUMULAR).

**DERRIBAR:** Representa la superación de un gran obstáculo que se nos oponía con violencia, ya se tratara de personas o circunstancias.

**DESAPARICION:** Denota represión, timidez, sentimiento de inferioridad, vergüenza, desilusiones o temor a desilusionarnos, especialmente cuando lo que desaparece encierra algún tipo de simbolismo sexual.

**DESCUARTIZAMIENTO:** Es símbolo de bruscas contradicciones entre los deseos, proyectos, deberes y actos. Conviene prestar mucha atención y esforzarse en ser consecuentes. (Ver AUTOPSIA).

DESFILADERO: Sugiere un paso estrecho y arriesgado. Puede encerrar un sentimiento de inseguridad ante la angustia de dificultades que parecen insalvables. (Ver ATAJO, AVENIDA y CAMINO).

DESGARRAR: Hacerlo con las propias ropas o vestidos (rasgarse las vestiduras) es algo que en muchas religiones o culturas se usa como símbolo de dolor, pesar o humillación. En este mismo sentido puede aparecer en nuestro sueño como signo de sufrimiento interior. Siendo otros quienes llevan a cabo tal acción sobre nosotros, se trataría de una vejación padecida por murmuraciones o marginaciones del entorno social o familiar.

DESIERTO: Representa la muerte, la esterilidad, la aridez o la no existencia.
Cuando la sensación asociada es negativa nos indica una situación de aislamiento, soledad, falta de amor, en la que no nos sentimos motivados hacia nada ni nadie. Puede ser anuncio de una fuerte depresión, que podremos evitar siempre y cuando nos esforcemos por crear y encontrar un nuevo sentido a nuestra vida. Alentado por una emoción positiva, agradable, gratificante, anuncia una gran oportunidad para desarrollar proyectos creativos ilimitados; el poder de afirmar nuestro ser de forma única y constructiva.
En cuanto a su color amarillento, la luz y el aire que lo caracterizan, también es símbolo del pensamiento. (Ver AIRE, AMARILLO y ARENA).

DESNUDO: Indica sinceridad, libertad y superación de la hipocresía. Muestra la necesidad que tenemos de manifes-

DESVAN

tarnos tal y como somos. Posiblemente en la vida diaria falseemos con exceso nuestras relaciones por temor, interés o inseguridad.

Con un sentimiento agradable, nuestro inconsciente nos muestra la conveniencia de cambiar sin miedo, de ser más auténticos. Cuando nos produce incomodidad refleja el desamparo y la impotencia que experimentamos social o profesionalmente, así como un rechazo hacia nuestro propio cuerpo.

También puede tratarse de un deseo sexual que tratamos de compensar y que nos conviene satisfacer en la realidad para que no se convierta en obsesivo.

DESVAN: Representa el inconsciente como lugar en el que se va depositando todo aquello que no utilizamos habitualmente. Puede indicar la necesidad de revisar ciertas creencias o prejuicios. (Ver BODEGA Y CAVERNA).

DIABLO: Sea cual sea la forma que adopte, representa siempre la encarnación de nuestros terrores inconscientes, así como el arquetipo de la sombra. Es un saco de ropa sucia al que nunca deseamos mirar. Pero nos lo encontramos, de vez en cuando. No es posible la perfección de la luz y la pureza sin tomarlo con amor para lavarlo.

Puede ser un diablo aterrador que nos revela nuestra aún insuperada atadura a terrores infantiles y complejos de culpa. Porque podemos crecer en años y no en comprensión, seguridad y confianza. Muchas normas y preceptos aún nos atormentan y castigan. Seguimos acusándonos y condenándonos porque no hemos aprendido a amar.

DIAMANTE: Simboliza el esplendor y la perfección logrados, desde el más oscuro y sucio carbón, a base de soportar

174

grandes tensiones, permaneciendo siempre fiel a la propia esencia. Es el carbono puro. Por ello nos invita a mantener la esperanza y la confianza a pesar de las luchas y pesares. Siguiendo el camino hasta el final, el premio está garantizado.

DIARIO: (Ver CUADERNO).

DIBUJO: Revela la presencia de un plan que estamos concibiendo y su grado de belleza y precisión son el índice que nos permite valorar su calidad y posibilidades de éxito. (Ver CUADRO).

DICCIONARIO: (Ver BIBLIOTECA).

DIENTES: Representan nuestra capacidad de respuesta agresiva, tanto para la defensa como para el ataque. Perderlos es signo de temor e inseguridad.

DIFICULTADES: Pueden sugerir incomodidad porque nos impiden el progreso sin esfuerzo. Pero son al mismo tiempo una gran oportunidad de autosuperación y crecimiento personal.

DIMISION: (Ver ABDICAR).

DINERO: Simboliza un valor representativo, por medio del cual evitamos especificar la naturaleza real del deseo o la necesidad que experimentamos. Nos muestra la presencia de una represión o un temor neurótico. Conviene descubrir la relación encubierta para conducirnos hacia la solución adecuada.

DIOS: Es el arquetipo de la unidad central, del sí mismo, la plenitud creativa. Sólo es posible en la experiencia mística, aunque ésta ocurra dentro de un sueño. Es una transformación de la personalidad, siempre progresiva. (Ver FUENTE).

**DISFRAZ:** (Ver ACTORES).

**DISMINUCION:** Puede sugerir la amenaza de una pérdida de prestigio o posición social, así como la necesidad de afecto.

**DIVORCIO:** Indica la necesidad de recapacitar antes de tomar decisiones que nos lleven a rupturas innecesarias o perjudiciales.

**DOMAR:** Representa la necesidad de dirigir las circunstancias y nuestra vitalidad con firmeza y seguridad, en función del plan que nos hayamos trazado.

**DORMIR:** Vernos dormidos o dispuestos para hacerlo sugiere negligencia o falta de atención en las actividades que llevamos a cabo en la vida real.

**DRAGON:** La lucha con el dragón representa el esfuerzo de autosuperación ante las actitudes indolentes o inerciales de la vida. (Ver ANIMALES, DIABLO y DOMAR).

**DUELO:** (Ver DIVORCIO).

# E

ECLIPSE: Indica la presencia de un obstáculo que nos impide percibir plenamente la luz de la razón (si es de Sol) o de las emociones (si es de Luna). (Ver BARRERA y DIFICULTADES).

ECO: Representa inercia, falta de iniciativa o murmuraciones.

EDIFICAR: Implica construcción y progreso, factores altamente positivos en nuestra vida. (Ver CASA).

EJECUCION: Denota un complejo de culpabilidad en el caso de la víctima y rebeldía en el del verdugo. (Ver CEMENTERIO).

EJERCITO: Simboliza una situación de agresión o ruptura en la que tratamos de diluir nuestra responsabilidad y riesgo por medio del apoyo comunitario.

ELEFANTE: Es un eminente representante de la fuerza, la prosperidad, la longevidad y la memoria.

ELEVACION: (Ver COLINA y CUMBRE).

**EMBARAZO:** Puede tratarse de una simple proyección onírica de temores o deseos ante tal circunstancia fisiológica. Pero también se relaciona con el hecho psicológico de la concepción de ideas o planes que deben madurarse con calma, así como con la experiencia creativa.

**EMBARCARSE:** (Ver BARCO).

**ENANO:** Representa, asociado a un sentimiento positivo, la minuciosidad, el trabajo cuidadoso y detallado. De lo contrario sugiere ignorancia, resentimiento y picaresca.

**ENCALLAR:** (Ver BARCO y DIFICULTADES).

**ENCINA:** Simboliza fuerza física, moral y sabiduría.

**ENCRUCIJADA:** Anuncia una posibilidad de cambiar la orientación de nuestra vida en su totalidad o de algún plan o proyecto en particular. Necesidad de contrastar, valorar y decidir. (Ver CRUZ).

**ENCUENTRO:** (Ver HALLAZGO y ENTRELAZAR).

**ENEMIGOS:** Las relaciones que con ellos se establecen en el sueños nos muestran la manera de actuar en la vida real o los riesgos de las actitudes tomadas.

**ENFERMEDAD:** Es el reflejo de algún padecimiento o traumatismo psicológico, aunque no haya sido observado conscientemente. Sugiere una pérdida de confianza y la necesidad de un apoyo afectivo. (Ver CAMA y CAMILLA).

ENFERMERA: Simboliza a la persona que nos proporcionará la ayuda que necesitamos para salir de la depresión. (Ver ENFERMEDAD)

ENGORDAR: (Ver CRECER y DEFORMIDAD).

ENSALADA: Conviene atender esta indicación que el cuerpo nos hace para seguir una dieta de desintoxicación.

ENTERRAR: (Ver CEBOLLA y CEMENTERIO).

ENTRELAZAR: Se transluce el deseo de establecer un vínculo estrecho con alguna persona o actividad. Puede tratarse de una relación de amistad, de negocios, sexual, matrimonial o artística. (Ver AMARRAR).

ENVOLVER: Representa el deseo de ocultar o tapar algo. Se trata normalmente de una opresión o represión. El grado y opacidad de la envoltura indicarán la fuerza de rechazo.

EQUIPAJE: Es símbolo de viaje o cambio. También nos muestra lo que consideramos de mayor importancia para desenvolvernos en la vida o aquello a lo que estamos más apegados. (Ver ALFORJAS).

ERMITAÑO: Si el ambiente en el que se encuentra es claro, soleado y tranquilo, significa tradición, estudio, reserva, trabajo paciente y profundo. Pero si fuera nocturno, nublado o tenebroso, anunciaría una laboriosidad más pesada e incluso aburrida. (Ver DESIERTO).

ERIZO: Indica luchas, persecuciones y decepciones, por las terribles púas que saca al intentar cogerlo. (Ver ARMADURA).

ESCALAR: Equivale a subir a un lugar elevado venciendo una serie de obstáculos, resolviendo los inconvenientes que surgen a cada paso. Pero la escalada no es tan sólo ascenso; también hay que saber bajar y no puede darse lo primero sin lo segundo. (Ver ACERA, BAJAR, COLINA Y CUMBRE).

ESCALERA, ESCALON: (Ver ESCALAR).

ESCAMAS: Representan una cierta irracionalidad y tendencias pasionales. (Ver ARMADURA).

ESCAPAR: (Ver ABANDONAR).

ESCAPARATE: Nos muestra posibilidades y alternativas, entre las que deberemos escoger la más destacada.

ESCLUSA: Se refiere a la necesidad de dirigir o regular nuestros sentimientos.

ESCOBA: Nos invita a poner equilibrio en la limpieza del entorno, tanto por exceso como por defecto. También puede expresar el deseo de eliminar cosas, circunstancias o personas que nos resultan desagradables.

ESCORPION: (Ver ALACRAN).

ESCRIBIR: (Ver CUADERNO).

ESCUELA: Debemos estar dispuestos a pasar cualquier prueba o examen en nuestra vida y sacar de ella siempre una enseñanza. No te acostarás sin saber algo nuevo.

ESCULTURA: Es una organización espacial con un determinado sentido estético. Por ello mismo indica la necesidad de entablar relaciones con nuestros semejantes basadas en la proporción, el equilibrio y la belleza. Viéndonos a nosotros mismos como escultores, refleja el deseo de dirigir o moldear a alguien.

ESMERALDA: Es la piedra del conocimiento secreto en cuanto a la ciencia de la vida, la fertilidad y la sexualidad. Como símbolo onírico sugiere la observación atenta de los fenómenos naturales, aprender a ver a través de ellos. Profundizando en las impresiones que nos aportan todos los sentidos nos encontraremos mejor y hallaremos claves importantes de las que podremos beneficiarnos en nuestra situación actual.

ESPADA: Representa el valor, el poder y la justicia, especialmente en la tradición cristiana cuando su uso era privativo de héroes y caballeros, por ser al mismo tiempo un símbolo espiritual.

También en oriente existen ritos especiales en cuanto al forjado y el uso de la espada. El acero fue considerado como hierro alentado por el espíritu de un héroe o un dios.

Su presencia en el sueño nos sugiere la conveniencia de hacer uso de estas cualidades y tener confianza porque, en el momento oportuno, dispondremos de la fuerza y el conocimiento necesarios para alcanzar el triunfo.

Igualmente puede apuntar o acentuar el valor de la palabra y la necesidad de ser precisos en su uso. Entre sus posibles representaciones también se encuentra la de los órganos sexuales masculinos y a veces encubre un fuerte deseo de copulación cuando nos vemos luchando, persiguiendo o hiriendo a alguien con ella. (Ver CRUZ).

ESPALDA: Simboliza la fuerza física y la resistencia. Si se encuentra curvada o vencida por el peso muestra debilidad de carácter o insatisfacción afectiva.

ESPEJO: Sirve para contemplarnos a nosotros mismos, normalmente en una proyección idealizada en un sentido positivo o negativo. Cuando nuestra imagen aparece especialmente bella indica una satisfacción afectiva y fuerza moral. En caso contrario muestra autorreproches. En cualquier caso puede sernos de utilidad una profunda introspección, que nos permitirá evitar o corregir ciertas contradicciones y sus poco afortunadas consecuencias para nuestra vida.

Es otro de los símbolos arquetípicos y por ello encierra sugerencias que nos serán de gran importancia. (Ver CRECER y DEFORMIDAD).

ESPIGA: Sea cual sea su cereal correspondiente, representa siempre el crecimiento, la fertilidad, la madurez y la sabiduría natural, si se ven doradas, relucientes y bien provistas de grano. En la medida en que se vea afectada por plagas o se encuentre en mal estado, así se está valorando nuestras propias cualidades anteriormente citadas.

ESPINA: (Ver DESIERTO, DIFICULTADES y ERIZO).

ESPINACAS: Son símbolo de salud y fortaleza si las usamos con precaución.

ESTACADA: (Ver BARRERA y DIFICULTADES).

ESTACION: Es un lugar de paso, de encuentro y de múltiples opciones. Y en todos los casos se relaciona siempre con viajes. (Ver AUTOBUS, ATAJO, AVENIDA, AVION, BAR-CO, CRUZ y ENCRUCIJADA).

ESTANDARTE: (Ver BANDERA).

ESTANTES: Cuando soñamos con ellos repletos, estamos simbolizando grandes oportunidades que surgen en nuestro camino y deberemos tener en cuenta los objetos que contienen. Si éstos estuvieran vacíos serían desilusiones o frustraciones.

ESTATUA: (Ver ESCULTURA).

ESTIERCOL: Es un abono que nos ayuda a aumentar y mejorar los cultivos, simbolizando una potenciación de nuestros planes y propósitos o acrecentamiento de bienes materiales. Aunque debe tenerse en cuenta que su olor es desagradable y que por ello nos encontraremos con alguna dificultad antes de obtener el beneficio. (Ver EXCREMENTOS).

ESTOMAGO: Dirige nuestra atención hacia la digestión, normalmente pesada, de alimentos físicos o situaciones sociales o afectivas que nos causan problemas y nos preocupan. Debemos aprender a tomar las cosas con calma y a buscar el equilibrio y la medida justa.

ESTORNUDO: Representa la aparición de algo inesperado; una sorpresa.

ESTRELLAS: Son símbolo de ideales y esperanzas. (Ver ANGELES y ASTROS).

EXAMEN: Sugiere dudas e incertidumbre ante las circunstancias que atravesamos. Debemos incrementar la confianza en nuestros propios recursos. (Ver ESCUELA).

**EXCREMENTOS:** Suelen asociarse con el dinero por su capacidad de convertirse en abono y aumentar la riqueza. Su manipulación indica ciertos deseos de recuperar y transformar nuestros defectos o las cosas que rechazamos de nosotros mismos. El estreñimiento es símbolo de testarudez, avaricia y tacañería. Por el contrario, la diarrea sugiere despilfarro. (Ver ESTIERCOL).

**EXTRANJERO:** Representa cambios en nuestra situación social o laboral. (Ver ADUANA y ESTACION).

# F

FABRICA: Representa el estado de nuestra actividad laboral y deberemos tenerlo muy en cuenta especialmente si apareciera vacía y abandonada, porque nos advertiría de dificultades que pueden llevarnos a perder el trabajo.

FAISAN: Simboliza la luz del día y la vigilancia. Por su origen oriental y su exquisitez también representa ciertos rasgos femeninos y exóticos. Nos invita a potenciar la serenidad y la observación cuidadosa del entorno y sus detalles delicados y bellos.

FANGO: (Ver BARRO).

FANTASMA: Cuando es blanco se relaciona con la nostalgia, el romanticismo y la poesía. En este caso nos indica poner más entusiasmo e imaginación en nuestras actividades.
Si fuera negro representaría dudas, temor, desconfianza y posibles traiciones. (Ver ABUELOS, ANGELES y DIABLO).

FARDO: Es un lío de ropa muy apretado que indica grandes presiones, confusión y penuria. Si lo llevamos nosotros es que nos sentimos obligados a soportar algún tipo de explotación.

FARO

Tratándose de una propiedad nuestra plasma también el peso de nuestras ataduras con respecto a las posesiones materiales.

FARO: Anuncia una ayuda, una luz, que nos será de gran ayuda en las noches tormentosas del desconsuelo, la desconfianza, la desorientación y la depresión.

FECHA: Siempre que en nuestros sueños nos sintamos atraídos por una fecha en particular deberemos tomar buena nota de ella, porque tendrá relación con un suceso de cierta importancia en nuestra vida.

FELINO: (Ver GATO).

FIEBRE: (Ver ENFERMEDAD).

FISURA: (Ver GRIETA).

FLAGELACION: Representa condena o reproches, ya sea hacia nosotros mismos o hacia los demás. Por su mediación se pretende restituir o compensar por faltas cometidas, así como desviar la atención de algún otro dolor, duda, tensión o incertidumbre. Nos conviene aclarar cuál es el origen de tales desajustes y darle una solución más adecuada.

FLECHA: Lanzada hacia lo alto sugiere grandes esperanzas y proyectos, que corren el riesgo de perderse por falta de concreción. Este símbolo nos indica que debemos estar siempre dispuestos a avanzar y a desarrollar planes e ideales, pero que al mismo tiempo nos es imprescindible la precisión en nuestras acciones y la cuidadosa selección de nuestros objetivos.

FLORES: Cada clase de flor tiene un significado particular, aunque no siempre resulta fácil identificarlas en los sueños, en cuyo caso debemos atenernos a su simbolismo general.

Representan la alegría, sencillez, belleza fugaz y transitoria. Y también en ellas vemos lo espiritual, el amor y la armonía. Sus colores deben consultarse por separado.

Cuando contemplamos las flores con una cierta nostalgia, sentimos la añoranza de encontrar a alguien con quien compartir nuestra vida afectiva. Si procedemos después a coger alguna es porque estamos decididos a unirnos a otra persona. Pero limitándonos a olerlas es que hemos dejado pasar alguna oportunidad. Y al marchitarse llegan los desengaños y desilusiones. Mas ninguna puerta se cierra definitivamente para nuestros sentimientos; cada año nacen y se marchitan muchas flores.

FOCA: Representa una soledad afectiva, soltería o virginidad no deseada pero que no se ha sabido superar debido a torpezas en nuestras relaciones, prejuicios, temores o incapacidad de entregarse, de amar. Pero debemos recordar que nunca es tarde y que también las focas pueden aprender ciertas habilidades y hacerse muy simpáticas.

FOGON: Simboliza el fuego familiar que sirve para preparar la comida, calentar la casa y reunir a la familia. Nos advierte de la necesidad de recapacitar para recuperar nuestro centro y nuestra lumbre. (Ver FUEGO).

FORTALEZA: (Ver CASTILLO).

FOSA: (Ver ABISMO y BARRANCO).

FOTOGRAFIAS: Contemplarlas con nostalgia representa

que tenemos fuertes vínculos que nos atan al pasado y pueden entorpecer nuestro presente.

Cuando hacemos una fotografía estamos manifestando un deseo de poseer y retener algo, al mismo tiempo que destacamos el valor que para nosotros tiene el objeto retratado. (Ver ESPEJO y CUADRO).

FRENTE: Es símbolo de carácter y valor. La apariencia que cobre en el sueño indicará cuales son los rasgos más destacados de la personalidad de su poseedor.

Una frente amplia es signo de inteligencia y de una persona en quien se puede confiar.

FRESAS: Representan sensualidad femenina. Cuando las comemos expresamos el deseo de mantener una relación íntima y placentera. También puede ser la referencia a cualquier otro tipo de don que nos venga a través de una mujer o de nuestra propia sensibilidad o intuición. (Ver FRUTA).

FRIO: Sugiere el deseo de aislamiento, soledad y elevación ascética pero deshumanizada; faltan sentimientos afectivos. (Ver ERMITAÑO).

FRONTERA: (Ver ADUANA).

FRUTA: En general revelan la presencia del deseo, el apetito y la exuberancia sensual, económica y a veces espiritual. Cada una por separado agrega un matiz particular.

Si estuviera ácida o verde es que todavía no nos encontramos preparados para disfrutar de sus beneficios y si está agusanada o podrida es que estamos un tanto desfasados y perdemos oportunidades placenteras.

FUEGO: Representa la simbología arquetípica de la actividad, la lucha, el esfuerzo y el espíritu transformador. Puede
contener también un apasionamiento motor, una pasión heroica
o destructora, siempre extremada.

Soñar con un fuego pequeño o moderado, bien encendido
y sin humareda, es signo de ternura, calor humano y felicidad
apacible. Cuando el fuego es demasiado fuerte y vivo manifiesta un carácter colérico, con el riesgo consiguiente de
disputas y enfrentamientos.

Si arde mal y produce mucho humo nuestra salud se verá
afectada por un exceso de trabajo y esfuerzo desequilibrado.

Unas llamas amenazantes son actividades que debemos
afrontar y nos producen miedo ya sea por falta de experiencia,
porque impliquen riesgos o porque son indeseables moral,
social o profesionalmente.

Avanzar entre las llamas sin quemarse es síntoma de la firme
resolución de afrontarlo todo sin detenerse en los obstáculos,
así como el ardiente deseo de alcanzar la meta propuesta.

También puede ser indicativo de potencia sexual.

FUENTE: La fuente interior, en el centro de un jardín, de una
casa, de un palacio o de cualquier otro lugar, representa el
origen, la inmortalidad, la esencia divina. Es un fluir continuo,
una entrega silenciosa y cantarina que, sin reclamar nada, permite el nacimiento de la vida toda. Corresponde a la experiencia
mística del arquetipo de la unidad, del sí mismo, de la
creación. De ahí el verso de San Juan de la Cruz: Que bien sé
yo la fuente que mana y corre, aunque es de noche. Es la fuerza
vital que en todo momento reconforta y permite superar cualquier adversidad. Sus aguas son dulces y apacibles como los
sentimientos serenos. Y siempre limpia y purifica. Podemos
estar seguros de la autenticidad de esta experiencia cuando el
jardín, en cuyo centro se encuentre, sea nuestro.

Los sueños en que aparece una fuente ponen de relieve nuestras esperanzas de regeneración, de purificación o de iniciación en los misterios de la vida. Si se encontrara seca, es que nuestras esperanzas son vanas; hemos seguido una pista falsa.

Cuando podemos beber de esas aguas frescas y cristalinas, nuestras necesidades físicas, emocionales o espirituales alcanzan satisfacción. Unas aguas sucias y corrompidas nos advierten de que estamos sometidos emocionalmente a alguien que nos tiraniza o que nuestras intenciones, en algún asunto particular, son impropias.    (Ver AGUA).

**FUNERALES:** Simbolizan la pervivencia tras la muerte, el renacimiento en otro mundo. Y resulta aplicable a cualquier cambio que se haya producido en nuestra vida. Aunque tengamos que morir al pasado, el sueño nos invita a confiar en la grandeza del porvenir. (Ver CEMENTERIO y MUERTE).

# G

GACELA: Representa la ligereza, sutilidad, belleza, velocidad y agudeza visual. Ya en el *Cantar de los Cantares* aparece como símbolo del amado, del animus, por su disponibilidad y actividad incansable.

En los sueños suele interpretarse como símbolo de una mujer. Pero más bien representa el complemento sexual de cada uno, en los arquetipos de animus-anima.

Su actividad se corresponde con el idilio real de la persona elegida o encontrada, o el juego que en cada individuo desempeñan la intuición y la razón.

GACHAS: Son un alimento blando y energético, de mucha utilidad para los pastores que perdían sus dientes. En nuestros sueños pueden representar la necesidad de acudir a libros o actividades más ligeras, más fáciles de asimilar, aunque no por ello menos profundas. Sería, por ejemplo, la recomendación de cambiar un tratado de filosofía por una novela de contenido filosófico.

GAFAS: Cuando inusualmente aparecemos con gafas en un sueño éstas cobran un valor simbólico especial: nuestra visión de las cosas, circunstancias o personas que nos rodean es incorrecta. Si los cristales tienen algún color particular la interpretación del mismo nos ayudará a saber cual es el cauce básico que modifica nuestras observaciones. (Ver CARA y CEJAS)

**GALLINA:** Representa la superficialidad por su proceder atolondrado, su cacareo habitual y el sentido meramente utilitario con que se la cría. Un gallinero bien provisto sugiere cuchicheos, murmuraciones y chismes.

Cuando la gallina pone un huevo nos está señalando algún pequeño beneficio, si es blanco, o inconveniente si es negro.

**GALLO:** Es un símbolo de vigilancia, anuncio de despertamiento y orgullo. Puede traernos buenas noticias y advertirnos, al mismo tiempo, de que debemos llevar siempre la cabeza alta, con dignidad, y una observación atenta que nos permita situarnos en el lugar exacto; ni más ni menos. Si nos atacara o lo viéramos pelear debemos tratar de serenar nuestro ánimo porque podemos ser propensos a la crispación y a las discusiones innecesarias, que sólo nos proporcionarán disgustos.

**GANADO:** Representa riqueza y abundancia, tanto mayor cuanto más numerosos sean los animales que lo conforman y más lustrosa su apariencia individual.

**GANSO:** Sugiere estupidez y torpeza.

**GARGANTA:** Por medio de ella tragamos lo que nos llega del exterior. Si, como los avestruces, engullimos sin masticar quiere decir que nos dejamos manipular fácilmente porque no nos esforzamos por comprender o desmenuzar y analizar lo que se nos propone. Una rigidez excesiva indicaría la presencia de una fuerte represión emocional. (Ver AFONIA y ESTO-MAGO).

GATO: Suele asociársele con lo femenino, ya sea el arquetipo del ánima en el hombre o representando directamente a una mujer.

GENTE: Soñarnos metidos entre la gente, con grandes dificultades en cuanto al movimiento y sin poder salir, indica que nos sentimos incapaces de dirigir nuestra vida y tomar las riendas de la misma. Tal timidez o debilidad de carácter puede hacernos sufrir excesivamente. Nos conviene ir asumiendo pequeños riesgos en nuestras relaciones hasta que seamos capaces de expresar adecuadamente todos nuestros impulsos, necesidades y deseos.

GERMINAR: Ver en sueños cómo germina una planta, sea la que sea, es un claro indicio de que nuestros proyectos no tardarán en convertirse en realidad. (Ver AGRICULTURA).

GIGANTE: Suele ser la introyección fundamentalmente de la figura paterna, idealizada en un sentido punitivo o patriarcalista. También puede ser indicativo de la proporción valorativa que establecemos entre distintos objetos.

GIMNASIA: Consiste en el ejercicio que nos capacita para lograr un desarrollo, fortaleza o habilidad particular y un mejor aprovechamiento de nuestras posibilidades. Tal entrenamiento puede sernos necesario en el presente, no sólo en cuanto a lo físico sino también con respecto a lo mental, emocional o espiritual.

**GIRASOL:** Debemos prestar atención al sol de nuestra existencia y seguir su camino cada día. Sólo así lograremos la felicidad y el éxito en la vida. (Ver CAMINO).

**GITANOS:** Representan los prejuicios que sobre ellos tengamos. Si pensamos que son gentes traicioneras o indeseables, dispuestas a engañarnos y robarnos en cualquier momento, esas serán las emociones evocadas en el sueño. Mientras que considerándolos normalmente como personas de costumbres distintas y tendencias nómadas, podemos estar evocando unos ciertos deseos de libertad. En el primer caso destacaría el miedo y la inseguridad que nos acosa y en el segundo nuestro espíritu de rebeldía.

**GLOBO:** Simboliza la totalidad y la ligereza, cuando se trata de uno lleno de aire o hidrógeno. Por ello puede ser una invitación a la serenidad y a contemplar lo que nos preocupa desde perspectivas más amplias.

**GLORIA:** Cuando soñamos con ella es porque no estamos muy satisfechos con nuestra situación actual. Supone una evocación juvenil de aventuras y heroísmos. En cualquier caso, se trata de una falta de madurez.

**GOLONDRINA:** Anuncia la llegada de la primavera, del entusiasmo y la esperanza. También representa pureza y santidad, porque permanece siempre en las alturas, así como fecundidad, soledad y libertad, por sus costumbres migratorias.

**GOLPES:** Son contrariedades o problemas que tenemos que soportar o que ponemos en el camino de otros, si somos nosotros quienes golpeamos. Dependiendo de si sabemos enca-

jarlos o superarlos podremos observar nuestras posibilidades
de triunfar y cómo mejorarlas. (Ver BOFETADA)

GORILAS: Suelen representar impulsos primitivos, especialmente de carácter sexual. Si somos capaces de amaestrarlos
es que mantenemos un buen equilibrio y salud psicológica.
Cuando luchamos contra ellos estamos expresando los
conflictos que nuestras opresiones o represiones nos oca-
sionan.

GORRION: Es signo de inconsciencia, simpleza y vagabun-
deo. Nos conviene reconsiderar profundamente nuestra situación y volver a tomar de nuevo las riendas sin rigidez pero con
firmeza y seguridad; conociendo con seguridad nuestro rumbo
y esforzándonos continuamente por seguirlo, estando también
dispuestos a cambiarlo cuando así lo decidamos con plena
convicción.

GOTERAS: Anuncian un cierto descontrol en nuestras
emociones, con los consiguientes riesgos que esto supone.
(Ver AGUA).

GRABADO: (Ver FOTOGRAFIAS).

GRAMA: Es una hierba salvaje y muy persistente que hace
difícil mantener la homogeneidad y suavidad del césped. Representa los pequeños problemas o molestias que van intro-
duciéndose inopinadamente en nuestra vida y ganan terreno
progresivamente avanzando por la raíz. Se hace difícil luchar
contra ella. Pero utilizándola como aliada puede cubrir de verde
nuestros campos, como una alfombra tupida. Si continuamente
nos empeñamos en reprimir nuestros impulsos naturales que-

mamos tiempo y esfuerzo para lograr muy poco. Cuando apren-
demos a construir nuestra vida a partir de ellos, rápidamente
logramos sólidos resultados y nos acercamos a la felicidad.

**GRANADA:** Es símbolo de fecundidad, sensualidad y placer. Si la vemos abierta en nuestros sueños será una invitación
a gozar de ella, de la vida, que continuamente se escapa sin que
sepamos beneficiarnos con sus dones.

También las personas o las diferentes circunstancias que
nos encontramos encierran en su interior un mundo pleno
y rebosante de riqueza espiritual, cuando sabemos penetrar en
ellas.

**GRANIZO:** Anuncia dificultades que pueden ocasionarnos
serias pérdidas si no tomamos inmediatamente medidas
preventivas.

**GRANJA:** Soñar que habitamos en una representará
nuestros negocios y bienes en general. Si sabemos administrar-
la bien y hacerla productiva, así también haremos en nuestra
vida real.

Cuando nos muestre pobreza y abandono será una
advertencia para cambiar el rumbo en nuestra actividad económica, si no queremos acabar en la miseria. Tratándose de una
visita a la granja de algún vecino u otra persona, será una invitación a revisar la administración de nuestros bienes porque
podemos haber cometido algún ligero error.

**GRIETA:** Nuestra estructura física o mental se resiente por
alguna contradicción interna. Debemos ser más consecuentes
con nosotros mismos y no tomarnos todo a la ligera. Necesitamos una urgente revisión de nuestros deseos, propósitos,

posibilidades y principios morales, para procurar que dejen de luchar entre sí. (Ver ENFERMEDAD).

GRILLO: Representa la paz y tranquilidad cuando lo escuchamos en el silencio solitario del campo. Cuando estamos preocupados o molestos puede convertirse en un martirio. Nos conviene relajarnos y dejar de dar vueltas a los problemas. La serenidad y el descanso nos traerán la solución que buscamos.

GRIS: Es símbolo de indiferencia e indeterminación. Puede ser la advertencia de una disolución o crisis de valores que amenaza con hacernos perder el sentido y los deseos de vivir.
La niebla grisacea envolviéndonos refleja todos aquellos miedos y angustias que se resisten a salir desde las profundidades de lo inconsciente, donde los tenemos reprimidos, ocasionándonos problemas que no somos capaces de solucionar porque desconocemos su verdadero origen.

GRITAR: Supone el desahogo de una fuerte tensión interior. Puede ser la advertencia de que nos encontramos en una situación límite debido a presiones psicológicas. El esfuerzo en el deporte o en cualquier labor manual o actividad plástica nos será de gran ayuda.

GRULLA: Representa la longevidad y la fidelidad, así como la pureza en su color blanco. (Ver CIGÜEÑA).

GRUTA: (Ver BODEGA Y CAVERNA).

GUADAÑA: Simboliza una decisión tajante y definitiva. Nos anuncia que no podemos aplazar por más tiempo nuestra tarea. Si tenemos miedo de hacer daño a otros con nuestra

GUANTES

resolución, olvidamos que su aplazamiento causará mayor dolor tarde o temprano. También sugiere la idea de la muerte y la cosecha. Sólo se puede progresar sabiendo morir continuamente al pasado. Para que los granos sirvan de alimento o simiente deben cortarse las espigas. Haciéndolo en el momento adecuado, sin dejarnos arrastrar por la pereza o la precipitación, todo final anuncia un renacimiento feliz y productivo.

GUANTES: Pueden servir para adornar y resaltar o proteger y ocultar las manos. En el primer caso son signo de satisfacción por las obras realizadas y en el segundo, timidez y miedo por los errores cometidos.

Cuando nos vemos con unos guantes rudos e incómodos tratando de llevar a cabo alguna labor delicada denota la presencia de un complejo de inferioridad. El color de los guantes nos ayudará a descubrir el origen del mismo. (Ver MANOS).

GUARDIA: Suele representar al padre que nos obliga a cumplir las normas establecidas y al mismo tiempo vela por nosotros y nos protege de peligros. Y en este sentido nos revela que no somos suficientemente independientes o maduros y aún necesitamos la referencia de la autoridad, en un sentido positivo o negativo, para sentirnos seguros, para desarrollar nuestra identidad por contraste o imitación de aquella.

Cuando un guardia nos detiene ponemos de manifiesto un sentimiento de culpabilidad o incomprensión si se nos acusa injustamente. (Ver AUTORIDAD).

GUERRA: Presenta agudizada la inseguridad que experimentamos ante los acontecimientos de la vida. La falta de confianza en nosotros mismos, en los recursos que podemos desarrollar frente a los problemas que nos encontramos, nos hace buscar justificaciones externas que nos eviten el esfuerzo de la autosuperación continua.

También nos parece más fácil eliminar de forma violenta lo que se opone a nuestro progreso que desarrollar el ingenio y la inteligencia para pasar sobre ello. Pero el primer tipo de respuesta presupone una inercia decadente que nos llevará, inevitablemente, a la autodestrucción; el segundo nos permite crecer en la plenitud de lo humano y alcanzar el amor, la paz y la felicidad. (Ver EJERCITO y ENEMIGOS).

GUIA: (Ver ATAJO, AVENIDA y CAMINO).

GUIRNALDA: Puede ser una señal de bienvenida, homenaje o adorno. Pero nos sugiere que no debemos dormirnos en los laureles porque tal júbilo es efímero y de la misma forma que en un momento nos ensalza, en otro nos humilla. (Ver GLORIA, CORINA y COLLAR).

GUITARRA: Representa una forma de acercamiento a los demás y de mostrarles nuestros sentimientos sin que por ello nos hagamos más vulnerables.

Necesitamos ser menos tajantes en cuanto a nuestras consideraciones y aceptar que existen otras posibilidades para hacer lo que deseamos. No necesitamos recursos técnicos abundantes para transformar el mundo; tan sólo un poco de habilidad y entusiasmo.

GUSANO: Nos recuerda lo rastrero y corrompido. Pero la posibilidad de convertirse en mariposa, tanto más bella cuanto más horrible sea la oruga de que proviene, nos anuncia que no debemos encerrarnos y entristecernos por nuestros defectos porque todos, incluso los más indignos, pueden llegar a transformarse, por medio del esfuerzo, el amor y la inteligencia, en maravillosas virtudes.

# H

HABAS: Por su estructura simbolizan el embrión humano. Los antiguos griegos y romanos creían que a través de ellas y de las alubias encarnaban los espíritus. En las reglas de la escuela pitagórica aparecen como fruto prohibido para evitar la intromisión de otras almas en el propio cuerpo. Y esto no era tan sólo por su forma sino también por su condición de flatulentas. Los gases producidos en la digestión les hacían pensar en pequeños fantasmas invasores. Todo lo anterior ha convertido este símbolo onírico en anuncio de próximos nacimientos en la familia.

HABITACION: Es el lugar en el que se habita y representa tanto nuestro cuerpo físico como el ambiente y las circunstancias que nos rodean. Si no se ven en ella puertas ni ventanas indica aislamiento, falta de comunicación, miedo, inseguridad y falta de voluntad. En este caso debemos replantearnos seriamente nuestra situación y si no sabemos encontrar una solución nos conviene consultar cuanto antes a una persona experta que nos ayude. (Ver APARTAMENTO y CASA).

HABLAR: Representa la necesidad de comunicarnos. Cuando lo hacemos sin sentido es porque queremos atraer la atención de los demás, sentir que se fijan en nosotros, lo cual pone en evidencia una insatisfacción afectiva.

Hablar con lógica y sensatez es una forma de ordenar nuestro pensamiento y convertirlo en instrumento válido para la investigación o la resolución de problemas.

Si nos vemos hablando en lenguas extranjeras, que no conocemos en la realidad, puede ser una sugerencia para contemplar nuestros planes y proyectos desde puntos de vista y fundamentos diferentes. El estudio de ese idioma nos será de utilidad. (Ver LENGUA, GRITAR, GALLINA y BOCA).

**HACHA:** Simboliza el poder y la fuerza por su cualidad de golpear y cortar con rapidez y contundencia. (Ver GUADAÑA).

**HADAS:** Representan las prodigiosas capacidades de nuestra imaginación. Gracias a ellas nos es posible concebir proyectos nuevos o aplicaciones técnicas que hasta el momento parecían irrealizables. En este sentido nos invitan a hacer uso de esta cualidad humana. Pero si nos recreamos excesivamente en el mundo de las hadas, buscando satisfacer así nuestras frustraciones y nos separamos cada vez más de nuestra realidad pragmática, corremos graves riesgos de esquizofrenia. La imaginación y la fantasía son grandes aliados siempre que no nos atrapen y esclavicen en su mundo. En este caso, las hadas se convertirían en brujas. (Ver BRUJOS).

**HALCON:** Sus características son el vuelo rápido y alto, junto con unas excelentes cualidades para la caza, que lo han convertido en el ave preferida para la cetrería. Por ello se ha convertido en símbolo de elevación espiritual, moral o intelectual; de victoria de lo superior sobre lo inferior.

Cuando el halcón atrapa una pieza de tierra, como puede ser la liebre, suele interpretarse como la victoria sobre los deseos concupiscentes. Pero nos será más conveniente ver aquí los impulsos naturales, los deseos básicos, sirviendo de alimento para los ideales y las altas aspiraciones de la vida. De esta forma superamos la lucha y las contradicciones entre los diferentes aspectos de nuestra personalidad.

En el sueño nos advierte de la sublimación que somos capaces de alcanzar cuando nos alzamos más allá de nuestros propios límites y conservamos la rapidez y habilidad para fijar un objetivo exacto y llegar a él con precisión. (Ver AGUILA y FLECHA).

HALLAZGO: Supone el encuentro inesperado de algo que solucionará ciertas inquietudes.

HAMACA: Representa descanso y silencio en situaciones inusuales. (Ver CAMA).

HAMBRE: En general indica la presencia de una insatisfacción ya sea afectiva, sexual, intelectual, moral o espiritual. Cuando en el mismo sueño queda saciada debemos prestar mucha atención a aquello que nos sirva para calmarla porque será una clave importante para nuestra vida.

HARAPOS: (Ver ANDRAJOS).

HAREN: Este sueño, en un hombre, advierte sobre la presencia de circunstancias externas que le distraen de sus verdaderos objetivos, lo cual supone riesgo de contrariedades y pesares futuros. También puede ser una forma de compensar complejos relacionados con una insatisfacción afectiva o sexual.

En una mujer puede representar la proyección del deseo de tener resultas sus ansias de poder o posición  social, de lujo o vida regalada, aunque para ello tuviera que prescindir de su propia valoración como persona. Reflejaría un deseo oculto de convertirse en mujer objeto aunque luche contra ello en la vida real o precisamente como compensación ante un rigorismo excesivo en la militancia del movimiento de liberación de la mujer. También podría detectarse la presencia de unos celos que se quieren disimular.

HARINA: Es uno de los símbolos de la riqueza. Soñar con ella representa la confianza de que no nos faltará lo más indispensable para vivir cómodamente. A mayor volumen de harina corresponderá un mayor bienestar social.

Pero del mismo modo que para llegar a ella ha de cribarse y separarla del salvado, en nuestra vida no podemos basarnos únicamente en el trabajo duro para llegar a la riqueza; nuestros actos deben  estar gobernados por el discernimiento y la selección para que lleguen a ser realmente productivos.

HECES: (Ver EXCREMENTOS).

HELADA: Puede anunciar la presencia de alguna enfermedad. (Ver FRIO).

HELECHO: Es símbolo de protección con respecto a las malas intenciones de quienes nos rodean.

HELICE: Refleja optimismo, entusiasmo, impulso y progreso. Cuanto más rápida gire más avanzaremos en la vida. Debemos aprovechar esta etapa porque no durará eternamente.

HEMORRAGIA: Nos advierte de una pérdida de energía y vitalidad. Debemos cuidar nuestra alimentación y equilibrar bien la actividad con el descanso.

HERENCIA: Es algo que nos llega a pesar nuestro. Puede ser bueno o malo dependiendo de las circunstancias y del uso que nosotros hagamos de ello.

HERIDA: Representan daños morales sufridos y ocultos ante los ojos de los demás. No debemos conformarnos con padecer en silencio porque con esa actitud lo único que conseguiremos será alimentar el rencor y el resentimiento. Nos conviene profundizar en sus causas y ponerles un remedio eficaz. A veces este dolor profundo nos permite purgar vanidades, orgullos y engreimientos. (Ver CICATRICES y GRIETA).

HERMANOS: Suelen proyectarse en ellos, ya sea que existan o no en la realidad, rasgos o defectos que no aceptamos en nosotros mismos. Nos ayudará mucho reconocer nuestro propio reflejo en los hermanos que encontramos en los sueños. (Ver DEDOS).

HERRAMIENTAS: Nos evocan alguna actividad que puede resultarnos especialmente atractiva o desagradable. Sea como fuere nos conviene centrarnos en tal labor. Si nos gusta, para deleitarnos en ella. Si nos disgusta, para superar nuestros límites y desarrollar más nuestra personalidad hasta que logremos encontrar una nueva satisfacción.

HERRERO: Por medio del trabajo duro y ayudándose con el fuego es capaz de someter lo más resistente y moldearlo en beneficio propio o de la comunidad. Y también nosotros podemos transformar todas las facetas de nuestra existencia para llegar a ser lo que realmente deseamos ser. (Ver HIERRO).

HIEDRA: Simboliza la amistad, los afectos duraderos y sinceros, así como la fuerza vegetativa y la persistencia del deseo. Debemos aprender a tomar decisiones por nosotros mismos, sin que por ello mengüe el amor que sentimos por los demás.

HIELO: Puede advertirnos del riesgo que corremos en un endurecimiento excesivo de nuestras emociones y la rigidez consecuente del carácter. No está mal sentir debilidad y equivocarse de vez en cuando. (Ver FRIO y HELADA).

HIENA: Este animal carroñero y nocturno se caracteriza por su voracidad, olfato y potencia en las mandíbulas, capaces de quebrantar los huesos más duros. Simbólicamente, se opone y complementa al halcón. Representa las bajas pasiones y la cobardía.

HIERBA: Soñar que estamos tendidos sobre la hierba, disfrutando de su fresco contacto, es una advertencia de que estamos malgastando nuestra vida encorsetados en una normas antinaturales. Necesitamos recuperar la libertad y las ilusiones mientras podamos. Aun nos queda la esperanza.
Si la hierba estuviera seca es que nos sentimos derrotados y nos hemos resignado en la renuncia a los goces de la vida.

HIERRO: Simboliza la fortaleza, dureza, inflexibilidad y rigor excesivo. También suele aparecer unido a la violencia. Suele representar el poder adquirido mediante la fuerza. (Ver HERRERO).

HIGADO: Se refiere al valor y la riqueza, las alegrías y los dolores. Lo que le sucede al hígado en sueños son las eventualidades a que están sometidas las cualidades anteriores.

HIGOS: Representan abundancia y fertilidad, así como sensualidad y deseos sexuales. Pueden considerarse como un alto en el camino que debemos aprovechar para disfrutar de los dones que la vida nos ofrece.

Si nos encontráramos con una higuera seca sería indicativo de esterilidad y pobreza. Tal vez en este sentido hayamos sido demasiado exigentes y rigurosos con nosotros mismos, lo que nos ha puesto en el límite de agotar nuestros recursos. A fuerza de reprimir la sexualidad llegamos a convertirnos en impotentes.

HILO: Por lo general se asocia con intrigas, embrollos y deducciones lógicas. Lo que se haga con él en el sueño equivale a hacerlo con algún problema o asunto complicado que se nos presente.

Es muy conocido el mito del hilo de Ariadna por medio del cual Teseo logra salir del laberinto, tras haber dado muerte al Minotauro. En este caso representa el pensamiento que, usado con rigor y siguiendo su discurso lógico, nos permite solucionar cualquier enigma.

Los hilos de metales nobles, como el oro y la plata, anuncian éxitos gracias al empleo de la sutileza y la diplomacia.

HINOJO: Simboliza la vista y el rejuvenecimiento por lo que verlo en sueños puede ser un síntoma de mejoramiento si padecemos de alguna enfermedad, especialmente de los ojos, y también una potenciación de nuestra perspicacia para los negocios.

HIPOPOTAMO: Representa la fuerza bruta y los impulsos viciosos de las bajas pasiones, especialmente si lo vemos sumergido en agua sucia o lodo. Debemos estar alerta pues dejándonos arrastrar por la inercia de la sensualidad no lograremos alcanzar ningún placer y terminaremos dominados por un hastío aniquilador.

HOGAR: (Ver CASA, FOGON y FUEGO).

HOGUERA: Además del simbolismo general del fuego, suele indicar la necesidad de quemar el lastre del pasado, de lo caduco y los temores, que nos impiden el avance. (Ver FUEGO).

HOJAS: Cuando están verdes simbolizan la prosperidad y si se secan, problemas y enfermedades.

HOMBRE: Si nos resulta conocido, estará enfatizando los lazos que nos unen a él. En el caso de que se trate de alguien con quien no nos llevamos bien, nos convendrá intentar una reconciliación.

En el caso de que no podamos identificarlo, el valor simbólico se encontrará en su aspecto y tendrá relación con la forma en que consideramos nuestra capacidad de actuar o de tomar decisiones.

HOMBROS: Representan la potencia y la capacidad de realización. Unos hombros anchos y fuertes reflejan satisfacción, éxito y confianza en nosotros mismos. Si son estrechos y débiles, serán un síntoma de decaimiento, pesimismo e insatisfacción afectiva.

HOMICIDIO: (Ver ACUCHILLAR Y ASESINAR).

HONDA: Es la fuerza del débil, el deseo y la confianza de vencer al más poderoso. Tal es el caso del relato bíblico de David y Goliat, cuya lectura es recomendable. Se encuentra en *1 Samuel 17:26,51.*

HORMIGAS: Nos sugieren el trabajo organizado y previsor, cuando vienen asociadas a un sentimiento agradable.

Si las vemos invadiendo nuestra casa nos muestran el temor y las molestias que estamos sufriendo por los problemas que nos angustian.

Cuando nos invaden el cuerpo, especialmente si es en grandes cantidades, padecemos una sintomatología paranoica que aumentará en gravedad con el número de las hormigas. En este caso nos conviene visitar a una persona experta que nos ayude a solucionar el problema.

HORNO: (Ver ALQUIMIA, COCINAR, FUEGO y HERRERO).

HORTENSIA: Simboliza la belleza fría, la frigidez.

HOSPITAL: Puede representar el temor a la enfermedad o al aislamiento, a alejarnos de nuestros seres queridos. Y también puede ser una advertencia para no proseguir con algún asunto que hayamos comenzado recientemente.

HOTEL: Soñar que nos hallamos viviendo en un hotel revela el deseo de una vida más lujosa y despreocupada frente a la cobertura de las necesidades básicas.

Si nos vemos como dueños o administradores será la manifestación de ciertos impulsos encubiertos de dominio y poder sobre los demás.

Cuando nos sentimos perdidos en su interior estamos proyectando la incomprensión que experimentamos por parte de las personas que nos rodean, la decepción en nuestras relaciones afectivas o unos celos no admitidos.

HOZ: (Ver GUADAÑA).

HUERTO: (Ver AGRICULTURA y CAMPESINO).

HUESOS: Suelen traernos la idea de la muerte y del pasado lejano, cuando los vemos en el exterior, y de la fuerza, seguridad y resistencia, al sentirlos en el interior de nuestro cuerpo.

HUEVOS: Simbolizan lo potencial, la generación, la fecundidad, el misterio de la vida y la multiplicación de los seres. Si estuvieran rotos representarían el miedo y la decepción ante las esperanzas truncadas y las frustraciones.

HUMEDAD: (Ver ACUARIO, AGUA, AZUL y GOTERAS).

HUMO: Cuando aparece impidiéndonos ver con claridad o dificultándonos la respiración, revela un estado de confusión mental que nos impide solucionar los problemas que nos inquietan. Necesitamos despejarnos con el aire limpio del campo y la armonía de la naturaleza.
Si surge como una columna blanca, ligera y sutil que se eleva hacia el cielo será indicativo de sublimación y elevación espiritual.

HURACAN: Representa una gran prueba que debemos afrontar y ante la cual nos conviene mantener los pies sólidamente asentados sobre el suelo. Puede ser nuestra propia fantasía la que nos proporcione serias dificultades. (Ver ABISMO y AIRE).

# I

IDOLO: (Ver ACLAMACION y ACROBATA).

IGLESIA: Simboliza la comunidad religiosa a la que se pertenece o que se rechaza y ya sea en este contexto o en otro más secularizado también nos recuerda el acogimiento silencioso de la madre y el arquetipo de la tierra y la cueva.

Cuando es una iglesia pequeña y solitaria, en la que penetramos, nos muestra el recogimiento y la introspección. Si por el contrario es grande y populosa denota poder institucionalizado que nos gobierna y manipula sutil y contundentemente. (Ver AUTORIDAD, CASTILLO, CATEDRAL y CONVENTO).

INCENDIO: (Ver FUEGO y HOGUERA).

INCESTO: Indica una fuerte dependencia de la madre y el miedo a separarse de ella. En este sentido revela inmadurez e incapacidad para tomar decisiones propias.

También puede sugerir la necesidad de integrarnos más en la naturaleza, cuando nuestra vida se ha hecho demasiado artificial.

Por último, este sueño puede recordarnos nuestro origen personal y el fuerte deseo de volver a él, de recuperar nuestra identidad auténtica, nuestra capacidad de amar y ser amados sin límites, de volver a nacer, de potenciar la intuición y la creatividad. No es muy común soñar directamente con una relación incestuosa y su simbolismo puede quedar encubierto por otros menos evidentes. (Ver ACUCHILLAR y SEXO).

INCIENSO: Representa la elevación y la sutileza, generalmente en un sentido religioso. Pero también puede sugerir el anhelo de la belleza inmaterial y el amor excelso de la experiencia transpersonal. (Ver HUMO).

INFIDELIDAD: Cuando en sueños nos vemos cometiendo algún acto de infidelidad con respecto a nuestra pareja o en general hacia cualquier vínculo que nos una a otra persona o grupo social, estamos mostrando nuestra desconformidad, la no aceptación de algún tipo de comportamiento, norma o conducta, frente a ellos. (Ver ADULTERIO).

INFIERNO: Simboliza el mundo subterráneo de lo inconsciente donde hemos condenado o reprimido los impulsos que no deseamos admitir por motivos morales, culturales o simplemente por ignorancia.
Al soñar con él podemos sentir miedo o culpabilidad, lo que indicará que estamos reprimiendo o condenando alguno de nuestros actos o pensamientos. Pero también podemos experimentar indiferencia o compasión, en cuyo caso nos conviene revisar nuestros juicios o decisiones porque quizás hayamos sido injustos con nosotros mismos o con los demás. (Ver ABISMO, AZOTAR, AZUFRE, DIABLO, FLAGELACION y FUEGO).

INMOVILIDAD: Cuando soñamos que, a pesar de la necesidad que tenemos de realizar algo, no podemos movernos se está poniendo de manifiesto un complejo de inferioridad. Pero a veces se corresponde con el mero hecho de que la ropa de la cama nos impide realizar los movimientos nocturnos. (Ver ADVERSIDAD, AFONIA, AMPUTACION, CORRER y DIFICULTADES).

INSECTOS: Pueden representar una cierta acumulación de resentimiento, miedo y desprecio hacia los demás. Si nuestra casa se llena de ellos es porque tememos los juicios y murmuraciones ajenos. Los insectos que se agigantan y nos acorralan son adversarios o jefes temidos y despreciados a la vez.

También pueden denotar impulsos o deseos que bullen en nuestro interior, que mantenemos condenados y rechazados pero que nos siguen molestando porque no hemos sabido encauzarlos adecuadamente. (Ver ABEJA, AVISPAS y HORMIGAS).

INSPECCION: Soñar que se presenta un inspector para supervisar nuestro trabajo o nuestras cuentas indica que tenemos miedo a que se descubra un secreto o una debilidad de nuestro carácter. Si profundizamos con cuidado en todos los símbolos que lo acompañan nos puede ser de gran utilidad para superarnos a nosotros mismos. (Ver ADUANA).

INTESTINOS: A través de ellos absorbemos las materias nutritivas de la alimentación y desechamos el resto, convirtiéndolo en excrementos. Representan el lugar donde se forja nuestra riqueza material, vital e intelectual. Su estado nos mostrará la disponibilidad que tenemos para acceder a ella. (Ver ALQUIMIA, COCINAR, COMER y EXCREMENTOS).

INUNDACION: En ella el agua supera sus límites aceptables y rompe el equilibrio natural. Suele ocasionar desastres. En este sueño se nos sugiere que una emoción demasiado intensa nos ha desbordado y que si no queremos sufrir unas consecuencias negativas debemos buscar inmediatamente un medio de expresión o desahogo. El mejor sería a través del arte o de la investigación científica. Haciéndolo así, la inundación, se convertirá en iluminación o inspiración. (Ver AGUA y AHOGARSE).

INVIERNO: Representa el aislamiento, la esterilidad, el sueño y el descanso. Nos conviene aprovechar esta etapa para reflexionar, planificar, reorganizar, concentrar nuestra energía y buscar una mayor precisión y eficacia en nuestras actividades. (Ver DESIERTO, FRIO, HELADA y HIELO).

INVISIBILIDAD: (Ver DESAPARICION, HUMO e INMOVILIDAD).

INVITACION: Revela un deseo de entablar nuevas amistades o relaciones y tener al mismo tiempo en cuenta las normas sociales de cortesía, discreción y diplomacia. Se nos está dando la oportunidad para hacer, pensar o crear algo; nos conviene aprovecharla.

ISLA: Simboliza la salvación en medio de la tempestad, el refugio, la seguridad y la libertad. Pero al mismo tiempo puede ser una trampa, una cárcel, especialmente si la isla es muy pequeña, por la sensación de aislamiento. En este último sentido puede contrastarse con el simbolismo de la ARMADURA y del CASTILLO. En un ambiente frondoso y tropical, paradisíaco, nos ofrece la satisfacción inconsciente de nuestros deseos de huir de la realidad. También allí podemos encontrar el misterio y la aventura que resuciten la ilusión en la monotonía gris de nuestra vida. Pero esto no debe buscarse lejos o en otro mundo sino que tenemos que lograrlo, por medio del esfuerzo entusiasta, en nuestra propia realidad inmediata. (Ver ABANDONAR, AGUA, ERMITAÑO).

# J

JABALI: Representa el coraje, la fuerza vital, irrefrenable, de respuesta ante las agresiones o dificultades. Se hace muy difícil luchar contra él; jamás se da por vencido. Así ocurre también con nuestros propios impulsos y deseos. Si los reprimimos o vamos contra ellos nos harán la vida imposible. Utilizando su fuerza seremos capaces de conseguir todo lo que nos propongamos. Para una mujer puede simbolizar también la necesidad de mantener relaciones sexuales y experimentar la fuerza masculina pulsando contra su cuerpo. (Ver GRAMA).

JABON: Nos sugiere limpieza y la posibilidad de aclarar nuestros conflictos internos o externos. Si tenemos un poco de paciencia y no nos dejamos dominar por la ansiedad, lograremos encontrar definitivamente la solución que buscamos y que nuestra propia obsesión oculta. (Ver ACLARAR).

JACINTO: Esta flor representa en nuestros sueños la amistad y la benevolencia.

JARDIN: Es una naturaleza ordenada, racionalizada y transformada estéticamente, en fuerte contraste con su estado salvaje. Simboliza el dominio de la consciencia sobre la inconsciencia, del cálculo frente a la espontaneidad. En cierta forma constituye una isla dentro de su entorno geográfico y también permite establecer la contraposición entre la vida rural y la urbana. También, especialmente en el oriente, es un lugar íntimo y discreto, propicio para el enamoramiento y todo tipo de relaciones afectivas, por lo que representa el mundo interior, la subjetividad y los sentimientos.

Si lo vemos armónico, bello y bien cuidado será el reflejo de nuestro equilibrio psicológico. Cuando aparezca descuidado, sucio y árido nos estará advirtiendo de nuestra propia dejadez y abandono personal. Existe otro tipo de simbolismo en el que el jardín aparece como lo erótico y el juego que se establecen entre él y el jardinero nos muestra el enfoque que damos a nuestras propias relaciones sexuales. (Ver FLORES, HAREN e ISLA).

**JARRA:** Como recipiente, representa lo femenino y la conservación. Dependiendo del líquido que contenga su mensaje será ligeramente diferente pero, en general, es una llamada de atención; la necesidad de atender a los sentimientos porque podemos habernos resecado por un exceso de rigidez o autoritarismo. (Ver BEBER).

**JAULA:** Si contiene algún pájaro vistoso o cantarín quiere decir que, a pesar de los límites y las normas que nos coartan, sabemos disfrutar de la vida.

Cuando la jaula está vacía y más si tiene la puerta abierta, expresa desencanto, desilusión o desengaño amoroso. (Ver AHOGARSE, ARMADURA y CARCEL).

**JAZMIN:** Simboliza lealtad, amabilidad, delicadeza y dulzura.

JOROBADO: (Ver DEFORMIDAD y ESPALDA).

JOYAS: En ellas se invierten los simbolismos de las virtudes que corresponden a las piedras y metales preciosos, en función de su artificialidad exhibicionista.

Suelen advertirnos de defectos relacionados fundamentalmente con la vanidad, vanagloria, jactancia, orgullo, etc. (Ver ACICALARSE).

JUDIAS: (Ver HABAS).

JUEGO: Representa la actividad espiritual por excelencia. Por su mediación se hace posible la armonía de los opuestos y crea un mundo particular, profundo, que revitaliza toda experiencia humana.

Cuando nos vemos desarrollando juegos de niños, se está poniendo de manifiesto el deseo de escapar de las responsabilidades del presente, tratando de refugiarnos en el pasado.

Si se trata de juegos de salón, de pasatiempos, cuyo interés radica únicamente en compartir nuestro tiempo con otras personas, debemos interpretar que nuestras relaciones sociales tienden a ser un tanto superficiales.

Los juegos de azar, en los que arriesgamos grandes sumas de dinero u otras propiedades, reflejan crisis morales o religiosas.

En aquellos que interviene el cálculo o la lucha con otros jugadores estamos tratando de medir nuestras fuerzas. Esto indica una falta de seguridad o confianza en uno mismo, que será mayor cuanto más ansiedad tengamos por el triunfo.

Todos los juegos pueden interpretarse también desde un punto de vista sexual. El erotismo es un juego y cuanta mayor capacidad tengamos de verlo como tal, más satisfactorias serán nuestras relaciones en este sentido. Si en cualquiera de los sueños anteriores se hace preponderante el deseo de ganar, tendremos problemas con nuestra pareja porque tendemos a buscar únicamente la satisfacción personal.

**JUNCO:** Simboliza la docilidad y la inconstancia. Su presencia nos indica que, aunque no tengamos mala voluntad, no se puede confiar en nosotros porque no somos capaces de mantener nuestra palabra. Pero también representa, por su flexibilidad, la sabiduría que triunfa ante la tempestad. (Ver CAÑA).

**JURAMENTO:** Realizar un juramento denota falta de confianza en el cumplimiento de lo pactado.

**JUSTICIA:** Su presencia indica que en alguna forma la necesitamos. Puede ser que nos sintamos tratados injustamente o que nosotros mismos seamos injustos con otros.

Si aparecemos nosotros mismos en situación de juzgar a otros es porque debemos tomar una decisión y no somos capaces de superar las dudas. (Ver BALANZA e INSPECCION).

**JUVENTUD:** Representa la vitalidad, las espectativas de futuro y el optimismo, sin que en ello intervengan para nada los años vividos por el soñador. Vernos jóvenes en sueños, aunque llevemos mucho tiempo peinando canas, muestra nuestra edad psicológica.

Inversamente, si un joven se sueña viejo es porque ha perdido entusiasmo por la vida.

# L

LABERINTO: Es un lugar artificiosamente formado por calles, encrucijadas y plazuelas para confundir al que está dentro e impedirle encontrar la salida. Representa los círculos viciosos, las obsesiones irresolubles, en que a veces transformamos los pequeños o grandes inconvenientes de la vida. Suelen originarse ante nuestras dudas, indecisiones y miedos, que a su vez denuncian la falta de carácter y la inmadurez de nuestra personalidad. Del laberinto se sale siempre haciendo uso de la confianza y la intuición.

LADRIDO: Es advertencia de peligro o situación de temor. (Ver PERRO).

LADRILLO: Representa el deseo de integrarnos en el medio, afincarnos y pasar desapercibidos.
También puede indicar deseos de construirnos nuestra propia casa o una preocupación por la salud. (Ver CASA y EDIFICAR).

LADRON: Simboliza nuestro temor a perder alguna o todas nuestras posesiones. Si fuéramos nosotros quienes apareciéramos como ladrones se estaría poniendo en evidencia un sentimiento de envidia o celos.

LAGO: Sus aguas simbolizan la vida por el movimiento natural que las afecta, en comparación con un pantano o una piscina, donde se introduce lo artificial. Las aguas pantanosas naturales son símbolo de enfermedades.

Representa nuestra mente inconsciente. Cuando su superficie es tranquila sugiere un estado de paz interior. Si, por el contrario, está agitado resalta las contradicciones internas o perturbaciones emocionales.

Unas orillas con mucha vegetación son signo de riqueza interior, fecundidad y satisfacción afectiva, en contraposición con las áridas y pedregosas que nos muestran desolación y pobreza sentimental.

Si nos viéramos pescando en el lago sería un símbolo de nuestro deseo de encontrar pareja o compañía en general. (Ver ACUARIO, AGUA, ARROYO, BAÑERA y FUENTE).

LAMPARA: Representa el conocimiento personal o el estudio. Dependiendo de su grado de luminosidad nos mostrará nuestras dudas o nuestra erudición. (Ver CANDELABRO).

LANA: Simboliza una felicidad sencilla y tranquila, sin ambiciones.

LANGOSTA: Nos recuerda las terribles plagas y por ello indica la posibilidad cercana de una ruina o desolación si no tomamos rápidamente las medidas oportunas. (Ver INSECTOS).

LANGOSTINOS: Denotan bienestar y seguridad financiera.

LATIGO: Si nos vemos usándolo nos advierte de que hemos cometido alguna acción arbitraria y causado dolor, si llegamos a golpear a alguien. Cuando somos nosotros quienes recibimos el castigo es porque nos sentimos humillados. Ver AZOTAR, FLAGELACION y GOLPES).

LAUREL: Representa victoria y la posibilidad de encontrar iluminación o guía en nuestros asuntos. (Ver GLORIA y GUIRNALDA).

LAVAR: Indica un cierto sentimiento de culpa, de mancha, que tratamos de eliminar. (Ver ACLARAR, AGUA y JABON).

LECHE: Es símbolo de abundancia y fertilidad.

LECHUGA: Indica tranquilidad y alegrías a las que siguen pérdidas.

LECHUZA: Representa la noche, el temor, el frío y la pasividad. (Ver BUHO).

LEER: Leer en sueños es símbolo de algún hallazgo, sorpresa o el conocimiento de algún secreto, así como el deseo de conocer las intenciones o el pensamiento de otros. (Ver BIBLIOTECA y HALLAZGO).

LEGUMBRES: Sugieren una vida sencilla, sin complicaciones ni grandes espectativas, en la que pueden aparecer pequeños inconvenientes.

LENGUA: Como instrumento de la palabra, tiene el poder de crear, purificar, impartir justicia, destruir, condenar, humillar, mentir, etc.
Soñarnos con una lengua larga y gruesa significa que hablamos demasiado y descontroladamente. Si nos mordemos

LEON

es una recomendación de prudencia. Una lengua cortada es símbolo de impotencia, a veces sexual. (Ver HABLAR).

LEON: Representa la encarnación del poder, la sabiduría, la justicia, el orgullo y la seguridad en sí mismo. Puede sustituir en el sueño al padre, al maestro, al juez, al jefe o al soberano. Al mismo tiempo, su condición salvaje, puede hacerlo aparecer tiránico, cruel e insaciable ante el poder, el dominio y la posesión, ya sea material, social, profesional, afectiva o sexual.

Un sueño arquetípico muy importante es vernos luchando con un león hasta vencer y descuartizarlo para quedarnos con sus huesos duros y blancos. Esto representa el triunfo sobre el mundo y haber alcanzado el secreto último del poder. También se lo asocia simbólicamente al fuego. (Ver AUTORIDAD, DOMAR, FUEGO y GLORIA).

LIBELULA: Es símbolo de ligereza, frivolidad e inconstancia.

LIBROS: (Ver BIBLIOTECA, CUADERNO, HALLAZGO y LEER).

LICOR: Representa un deseo de libertad y de superar las inhibiciones, unido a una debilidad de carácter e insatisfacción afectiva. (Ver BEBER y BODEGA).

LIEBRE: (Ver CONEJO).

LIGEREZA: Simboliza los deseos de elevación espiritual, aspiración a un vida superior, sublimación, anhelo de belleza sutil, erotismo delicado y suavidad en nuestras relaciones con los demás. Cuando hay demasiado formalismo estético y poca vivencia de la ligereza, puede denunciar superficialidad en nuestras consideraciones. (Ver AIRE, BAILE, HUMO, INCIENSO y JUEGO).

LILAS: Representan un enamoramiento ingenuo.

LIMAR: Sugiere constancia y perseverancia.

LIMON: Las experiencias desagradables de nuestra vida pueden ser imprescindibles o muy saludables cuando sabemos aprovechar su jugo, su enseñanza.

LINTERNA: (Ver LAMPARA).

LIRIO: Simboliza la pureza, inocencia, virginidad y sexualidad sublimada, cuando su color es blanco. Cualquier otro color representará deseos o tentaciones mundanas.

LITERA: (Ver HAMACA).

LOBO: Representa la ferocidad y la crueldad, advirtiéndonos de lo indeseable de estos instintos traicioneros en nuestras relaciones con los demás. Nos puede resultar fácil quejarnos y suplicar compasión cuando los sufrimos pero no siempre somos conscientes de cuándo los inferimos.

LOGRO: (Ver HALLAZGO y CUMBRE).

LORO: Suele simbolizar las críticas, murmuraciones, comentarios y calumnias hechos a costa nuestra. (Ver LENGUA).

LOTERIA: (Ver JUEGO).

LOTO

LOTO: Representa la pureza y la belleza elevándose por encima de la suciedad y la podredumbre. También significa firmeza, prosperidad, fecundidad, armonía conyugal y devenir temporal.

LUCHA: (Ver GUERRA).

LUCIERNAGA: Nos sugiere la reflexión de que incluso el más pequeño de los seres tiene alguna luz que aportarnos.

LUNA: Es uno de los símbolos arquetípicos más antiguos y representa la naturaleza femenina en general. También guarda estrecha relación con lo inconsciente y las emociones humanas. Una de sus interpretaciones más usuales es la que se refiere a la inspiración romántica y las relaciones amorosas. Cuando vemos un bello paisaje iluminado tímidamente por la luna en cuarto creciente es que nos estamos enamorando; la pasión amorosa despierta en nuestro interior. Si vemos el satélite en su fase de plenitud nos encontramos en el apogeo de la emoción, del idilio, y hay que tener cuidado con los desbordamientos pues podemos perder el control de nuestros actos y realizar cualquier locura. Al aparecer en cuarto menguante, la pasión se extingue y queda un sentimiento maternal, maduro y sereno. Lo anterior es aplicable igualmente a la inspiración poética y de hecho los escritores románticos abundan en paisajes nocturnos presididos por la luna llena, que a veces toma también la forma de una diosa blanca. (Ver BLANCO y GUADAÑA).

LUZ: Es el símbolo, por excelencia, del conocimiento, la inspiración y la intuición. Cuando nuestros sueños son muy luminosos agregan al resto de sus significados una gran con-

fianza en nosotros mismos. Esto nos permite tomar decisiones
con facilidad pues todo se ve claro.

Si el sueño fuera oscuro y apareciera un punto de luz quiere
decir que, a pesar de todo, nos queda la esperanza. Hay alguien
cerca de nosotros en quien podemos confiar y está dispuesto
a ayudarnos. (Ver AMARILLO, CLARIDAD y LAMPARA).

# LL

LLAMADA: Si oímos que en sueños alguien nos llama debemos prestar mucha atención a todo el contexto pues en él se encuentra un mensaje muy particular para nosotros y que requiere nuestra atención inmediata. (Ver APELAR).

LLANURA: Representa amplitud, liberación y felicidad.

LLAVE: Nos permite el acceso a un plano de conciencia diferente al usual, así como impedir que otros descubran nuestro secreto. Cuando soñamos que tenemos en las manos un gran manojo de llaves es que nos encontramos ante una gran cantidad de oportunidades que debemos aprovechar antes de que sea demasiado tarde. Tener dificultades para girar una llave introducida en la cerradura nos advierte de que no nos será fácil conseguir lo que nos proponemos. Y si se rompe será la frustración de nuestros planes. El hecho de introducir la llave en una cerradura tiene también un claro simbolismo sexual.

LLORAR: Es la expresión de una emoción profunda, un desahogo, que surge de esta manera cuando no hemos sido capaces de encontrar otra más productiva. De todas formas es un símbolo de fecundidad e intensidad vital.

226

Puede interpretarse también el llanto como la aparición de un manantial personal, como la fuente que surge desde lo más profundo de nuestro ser. (Ver FUENTE).

LLUVIA: El hecho de caer del cielo la convierte en símbolo de purificación. Nuestros sentimientos y deseos se subliman y se convierten en bondad.

Tradicionalmente se ha asociado también la lluvia con la fertilidad y la riqueza de los campos, lo cual representa alegría y felicidad porque quería decir que ese año no se pasaría ni hambre ni sed. Hoy la técnica nos ha permitido independizarnos, dentro de ciertos límites, de la necesidad inmediata de la lluvia. No obstante, el arquetipo ha quedado profundamente grabado en nuestro psiquismo y así se interpreta en los sueños. (Ver AGUA y CIELO).

# M

MADEJA: (Ver HILO y LANA).

MADERA: Representa la materia prima a la que, con
relativa facilidad, podemos otorgarle formas nuevas sin que por
ello mengüemos su resistencia o fortaleza. Se convierte así en
un sugerente símbolo para la ética o la educación de la personalidad a lo largo de la vida. Podemos variar en cuanto a las
formas de expresión, la cultura o el carácter, pero por encima
de todo debemos seguir siendo fieles a nosotros mismos;
conservar nuestro corazón intacto.

Cuando se sueña con ella en forma de ramas secas, apiladas
sin orden ni concierto, refleja una personalidad diluida y
dispersa en detalles sin importancia pero sin fuerza ni valor
particular. Estas mismas ramas atadas en haces y transportadas
a hombros representan los esfuerzos y penalidades que se sufren
para adquirir una educación cultural o moral, aunque los
resultados son escasos porque no hay suficiente madurez
personal.

Los troncos grandes y limpios, preparados para la construcción, la confección de muebles o el tallado escultural, son
símbolo de madurez y preparación. Anuncian riqueza y grandes satisfacciones.

228

MADRE: Es el arquetipo por excelencia. En él se fundamentan también los grandes símbolos supraculturales de la tierra, la luna y el mar. Guarda relación con prácticamente todas las etapas y circunstancias de la existencia, y en especial con el ciclo básico de vida y muerte. Desde el vientre de la madre y a través del nacimiento alcanzamos la realidad de la vida como individuos. Representa siempre nuestro origen, nuestras raíces, la seguridad, el abrigo, el calor, la ternura, la protección. Pero también se encuentra al final de nuestro paso por el mundo cuando, en la muerte, volvemos al seno de la madre tierra. Los sueños en los que aparece son sumamente importantes para el soñador.

En la infancia constituye el núcleo central de la vida consciente e inconsciente y así sigue siendo para quienes no logran alcanzar la madurez como individuos. Pero, en el caso de los adultos, el simbolismo de la madre se esconde por lo regular tras referencias indirectas.

Cuando se lucha, discute o pelea con la madre, o con su representación correspondiente, se está poniendo de manifiesto la rebeldía adolescente para lograr la independencia. Y puede ocurrir a cualquier edad. La culminación de tal proceso sería soñar con su muerte. (Ver ABRIGO, AGUA, BLANCO, FUENTE, INCESTO y LUNA).

MAESTRO: Es otro de los arquetipos básicos. Representa el conocimiento, la experiencia y la sabiduría. Puede ser contemplado desde distintos ángulos y cada uno de ellos indicará nuestro propio grado de desarrollo personal en la vida.

Cuando soñamos con un maestro de escuela riguroso, siempre dispuesto al castigo físico o moral, está indicando inseguridad, dependencia de la autoridad y un complejo de inferioridad que tratamos de suplir con el deseo de sentirnos superiores. Corresponde a una etapa de inmadurez.

Si su imagen es seria, formal, erudita, aunque intransigente, indica desarrollo intelectual y esfuerzo en el autodominio. Es una etapa de formación.

El maestro patriarcalista, al que siempre podemos acudir para consultar nuestros problemas y nos acoge con amabilidad, denota madurez emocional, equilibrio y seguridad. Pero también se corresponde con una etapa de formación.

Hay otra forma en la que puede aparecer el maestro en nuestros sueños. En ella se pone de manifiesto tanto la amabilidad, el amor, la comprensión, como el rigor, la exactitud y la férrea voluntad y determinación. Su presencia inspira, al mismo tiempo, respeto o incluso temor y dulzura. Y esta es la imagen del sabio o maestro espiritual. Se corresponde con la etapa de plenitud y auténtica madurez. (Ver ABUELOS, ACADEMIA, AMARILLO, ANGELES, AUTORIDAD, AZUL, BIBLIOTECA, CABEZA, ERMITAÑO y HABLAR).

**MAGIA:** Indica que hemos llegado al límite de nuestras posibilidades racionales y que no somos capaces de dominar las circunstancias. El recurso a la magia es la entrega a lo irracional con el deseo de mantener el control por encima de todo. Implica el riesgo de ser manipulados por otros mientras vivimos en la ilusión de ser dueños y señores del destino. (Ver BRUJOS y HADAS).

**MAGNOLIA:** Simboliza la belleza y la armonía en el tratamiento social.

**MAIZ:** Representa fertilidad y prosperidad.

MALETA: (Ver ARMARIO y EQUIPAJE).

MALVA: Indica sencillez, prosperidad y riqueza.

MANANTIAL: (Ver FUENTE).

MANCHAS: Ponen de manifiesto un sentimiento de culpabilidad. (Ver AUTORIDAD, BARRO, DEFORMIDAD y ESPEJO).

MANCO: (Ver AMPUTACION, BRAZOS, DIFICULTADES y INMOVILIDAD).

MANDIBULA: Simboliza la fuerza de voluntad. Una mandíbula excesivamente grande puede indicarnos testarudez o estrés. Si es anormalmente pequeña representa debilidad de carácter. (Ver BOCA y CARA).

MANOS: Representa la utilidad y la posibilidad de actuar en nuestro entorno. La mano derecha, para los diestros, guarda una estrecha relación con lo racional, analítico, lógico y viril; la izquierda, con lo irracional, emocional, impulsivo, inconsciente y femenino. En los zurdos se invierte el significado.

Cuando en los sueños vemos que nuestras manos son fuertes, grandes y bien formadas, es signo de seguridad, buena comunicación con los demás, éxito y progreso. Si, por el contrario, se muestran pequeñas, débiles y feas, indicarán impotencia, inseguridad, resentimiento, fracaso, insatisfacción e imprudencia. Unas manos blancas, suaves y limpias sugieren una vida regalada, sin esfuerzo, tranquila y al mismo tiempo frágil. En cambio, si son toscas, duras y sucias, representan esfuerzo, sufrimiento, trabajo y picaresca. Las manos peludas son muestra de primitivismo e incontenible impulso sexual. Unas manos unidas con fuerza indican tensión emocional o súplica, si son propias. (Ver DEDOS).

**MANTEL:** Un mantel limpio y bien planchado, sobre la mesa, representa bienestar y prosperidad familiar. Si se encuentra manchado y arrugado, refleja problemas domésticos.

**MANTEQUILLA:** Representa abundancia y riqueza, especialmente si la comemos. También puede simbolizar suavidad o facilidades.

**MANTO:** Si su finalidad es meramente estética, indica dignidad. Utilizado para protegerse del frío o envolverse y ocultarse en él, tiene el mismo significado que ABRIGO.

**MANZANA:** Es símbolo de alimento material, sensual e intelectual. Por razones culturales, representa el hecho de la elección necesaria entre el placer y el deber. Comer una manzana indica inclinaciones edonistas.

Cuando es sabrosa sugiere satisfacción afectiva; si está verde, dificultades y sufrimiento; con mal sabor, podrida o agusanada, frustraciones y desengaños. Disfrutar de su mera contemplación representa una profunda sensibilidad artística o madurez intelectual.

**MAÑANA:** Simboliza la actividad consciente, el trabajo y la alegría, así como la esperanza y la previsión. (Ver AMANECER).

**MAPA:** Nos indica que no estamos conformes con la situación actual y que deseamos cambiar de ambiente y circunstancias. Necesitamos meditar y reflexionar serenamente para reconducir nuestra vida en concordancia con lo que realmente somos.

MAQUILLAJE: (Ver ACICALARSE y ACTORES).

MAQUINAS: Ya hubo filósofos que compararon el cuerpo humano y el mundo a una máquina. A parte de los problemas metafísicos que esto supone, lo cierto es que este símil nos proporciona un nivel de aproximación suficiente para explicar ciertos procesos complejos de nuestra naturaleza. Y así lo hacemos en sueños. La imagen mecánica es una de las que utiliza nuestro inconsciente para comunicarnos cuál es el estado íntimo de nuestra mente y cuerpo. La forma en que veamos funcionar las máquinas nos permitirá saber si nuestra salud es buena o algo se resiente. Cuando una parte de la cadena se detiene o avería, disminuye inmediatamente el rendimiento general.

MAR: Otro de los arquetipos básicos. Representa el inconsciente colectivo, así como el origen de la vida y el amor universal.
Navegar por un mar tormentoso nos indica que nos encontramos en una situación muy delicada, de la que sólo podremos salir sanos y salvos con grandes dosis de serenidad, diplomacia, conocimiento y destreza. (Ver ACUARIO, AGUA, AHOGARSE, AZUL, BARCO, LAGO, LUNA y MADRE).

MARGARITAS: Representan ingenuidad, sencillez y enamoramiento.

MARINERO: Es símbolo de aventuras, generalmente amorosas, pero fugaces. (Ver AGUA, AZUL, BARCO y MAR).

233

**MARIPOSA:** Significa ligereza, inconstancia, imprudencia y belleza pasajera. Ha de consultarse su color predominante para saber en qué aspecto nos guiamos según las características anteriores. También representa la sublimación y exaltación espiritual. (Ver GUSANO).

**MARIQUITA:** En general, es el más simpático de los insectos y por ello simboliza alegría y buena voluntad.

**MARMOL:** Sugiere dureza, frialdad, calidad y resistencia. Tales características nos permiten considerar que tanto las personas como las cosas y circunstancias de calidad no son fácilmente accesibles, pero que a la larga son las más fiables.

**MARMOTA:** Representa el sueño, la pereza y la pasividad.

**MARTILLO:** Es símbolo de esfuerzo y constancia en el trabajo.

**MASCARA:** (Ver ACICALARSE, ACTORES y CAPUCHA).

**MATAR:** Indica la liberación de la esfera de influencia de alguna persona o circunstancia. (Ver ASESINAR).

**MATRIMONIO:** Es el vínculo, la reconciliación o concentración de los diferentes aspectos de nuestra personalidad. Existe un matrimonio espiritual, del que se habla simbólicamente en muchos tratados alquímicos y místicos, que consiste en la unión armónica de nuestra polaridad masculina (animus) con la femenina (anima). Es el funcionamiento complementario de los dos hemisferios cerebrales; de la intuición o proceso de pensamiento sintético y la razón o discurso lógico, analítico e inductivo. Tal es el estado de equilibrio perfecto de la personalidad y la forma de alcanzar la sabiduría. Los sueños de matrimonio van siguiendo una secuencia lógica y evolutiva a lo largo de nuestra vida, cuando nos esforzamos en un proceso de autosuperación. Se suele comenzar por las referencias a la búsqueda de la persona que constituye nuestra pareja ideal, nuestra media naranja, en un aspecto sentimental. Después se encuentran las bodas por medio de las cuales se desea alcanzar una mejora en la posición social o cualquier otro tipo de interés pragmático. A estas siguen las de dos individuos que, sabiéndose diferentes y que no existen parejas ideales, se unen para realizar una tarea en común, basada en el amor y el respeto mutuos. La siguiente etapa es la búsqueda del matrimonio interior, con la musa que alienta nuestra vida en la creación artística o la investigación científica. Y va seguida por el simbólico matrimonio alquímico del rey y la reina o los arquetipos junguianos de animus-anima. El último es el puramente espiritual, místico, de reintegración con lo divino, la consciencia crística o el arquetipo del sí mismo.

MEAR: (Ver ORINAR).

MEDIANOCHE: Representa el momento álgido de nuestra vivencia inconsciente. Por ello se utiliza como hora simbólica de reunión mágica de brujas, fantasmas o monstruos de lo oculto, así como para la transformación licantrópica o la salida de los vampiros. Todos estos personajes de novela de terror no son mas que los aspectos duales, oscuros, de los arquetipos, que alcanzan en este punto su resonancia por ser la hora central de la noche.

Si en el sueño se produce alguna referencia directa o indirecta a la medianoche, debemos considerarla como un aviso de que hemos tocado fondo en un proceso depresivo. A partir de ese punto comenzaremos a salir o a ascender hacia la luz del día. (Ver BRUJOS, DIABLO y HADAS).

**MEDIAS:** Dependiendo del tipo de medias de que se trate, pueden representar desde la simple utilidad práctica, protección o comodidad, hasta la elegancia, coquetería y seducción. El contexto del sueño nos indicará claramente su sentido. Debemos tener en cuenta el color y el material de que están hechas, así como la sensación que nos producen al tacto.

**MEDICAMENTOS:** Representan una ayuda o apoyo que nos llega del exterior y que nos permite reforzar o confirmar las decisiones o posturas adoptadas tras una etapa crítica.

**MEDICO:** Simboliza a la persona o el aspecto de nuestra personalidad de donde procede o que nos permite acceder al apoyo a que se hace referencia con los medicamentos.

**MEDIODIA:** Al igual que la medianoche representa el momento álgido de los aspectos oscuros de nuestros arquetipos, el mediodía lo es de los luminosos. También es una hora que se utiliza simbólicamente para la invocación (la hora del ángelus) de los ángeles o las huestes de la luz. Estos representan nuestras virtudes o habilidades manifiestas.

La aparición de este cenit solar en un sueño nos indica la presencia de un momento de plenitud personal que, sabiéndolo aprovechar, puede ser decisivo para el logro de la felicidad en nuestra existencia. (Ver ANGELES, DIOS, LUZ, MAESTRO y MATRIMONIO).

MEJILLAS: Representan la salud del soñador. Es muy fácil interpretar su aspecto. (Ver CARA).

MEJORANA: Es símbolo de consuelo.

MELOCOTONES: Significa alegría, deseos de confraternizar y abundancia.

MELON: Anuncia un cambio en nuestro estado de salud. Si no sufrimos ningún padecimiento, debemos tomar precauciones para evitarlo.

MENDIGO: Nos advierte de que estamos descuidando algún aspecto de nuestra personalidad, lo que puede ser causa de serias dificultades futuras si no rectificamos a tiempo. (Ver ANDRAJOS).

MERCADO: Nos ofrece la posibilidad de encontrar lo que necesitamos pero, por lo general, de él salimos con cosas superfluas que desvían nuestros intereses y pueden aumentar nuestra confusión y dispersión. Nos conviene estar alerta para no perdernos o ser engañados en aquello que se nos proponga. (Ver HAREN y LABERINTO).

MERCURIO: Tanto el metal líquido como el dios mitológico representan la movilidad, rapidez, adaptación, capacidad de comunicación o amalgama entre lo diverso. Por ello es símbolo también de la diplomacia, el conocimiento oculto y el juego. Es un elemento equilibrador asociado al aire y al pensamiento. (Ver AIRE, JUEGO y MAESTRO).

MESA: Es símbolo de diálogo, de compartir, de confraternizar. Una mesa rectangular representa una estructura jerárquica basada en un líder o presidente, que puede estar en el centro, si sólo es practicable en uno de sus lados, o en el extremo. Nuestra posición en el sueño nos indicará el lugar que ocupamos en las negociaciones de la vida real.

La mesa cuadrada manifiesta una estructura social integrada por varios subgrupos en igualdad de condiciones. Finalmente, la redonda indica que todos los que se sientan a ella tiene el mismo rango. De ahí el símbolo de los Caballeros de la Mesa Redonda en la corte del legendario Rey Arturo. Todos ellos habían alcanzado la misma dignidad real. (Ver MANTEL).

**METAMORFOSIS**: Los símbolos oníricos pueden cambiar en el transcurso de un mismo sueño y deben ser interpretados teniendo en cuenta tal proceso. El mensaje será la metamorfosis total y no uno de sus significados parciales.

Cuando vemos que una oruga se transforma en mariposa, el mensaje del sueño no es ni el de la oruga ni el de la mariposa por separado sino la metamorfosis y el simbolismo combinado de ambos. (Ver GUSANO y MARIPOSA).

**MIEDO**: Muestra preocupaciones y temores ocultos o latentes. A veces se debe a que algún suceso, relato, lectura o película del día anterior despierta puntos oscuros del pasado, reprimidos en el inconsciente. Y esto es relativamente fácil si considera- ramos que allí se encuentran archivadas, desde el nacimiento, todas las ocasiones en que hemos sentido el vértigo, la angustia, el miedo, la insatisfacción, el abandono.

Pero aunque podamos encontrar sus raíces en el pasado, lo cierto es que nos quiere decir algo en el presente. Por ejemplo, una persona acostumbrada a tener todos los acontecimientos de su vida bajo el control racional puede tener un sueño de miedo en el que aparecen fenómenos paranormales, que escapan a su comprensión. Esto quiere decir que se siente angustiada por situaciones emocionales o de otro tipo, para las que no le resulta posible encontrar una explicación racional y teme que lleguen a tomar las riendas de su vida provocando un peligroso desequilibrio psicológico.

También es muy corriente soñar con ser asaltado y sufrir cualquier tipo de violencia, por lo común sexual en las mujeres, cuando se vive en un medio donde se está produciendo un incremento de la criminalidad y existe un clima de preocupación ciudadana. Y otro sueño de miedo en nuestros días es el que se relaciona con accidentes de tráfico. En estos casos nos conviene entender que es un desahogo de tensiones internas; que debemos ser prudentes para evitar situaciones de peligro, pero que no tiene sentido obsesionarnos con ellas. Ante los casos de asaltos o accidentes, en un día cualquiera, es muy superior el número de personas a las que no les ocurre nada. (Ver ABISMO, ACCIDENTE, DIABLO e INFIERNO).

MIEL: Por el proceso que las abejas siguen para su elaboración, simboliza el logro del trabajo de la autosuperación personal.

En general, como producto acabado, representa la dulzura, el deleite sensual, el bienestar, la riqueza, la felicidad y el placer erótico.

MIERDA: (Ver EXCREMENTOS).

MILLONARIO: Suele corresponder a una situación de insatisfacción en cuanto a la riqueza o las posesiones materiales, intelectuales o afectivas. Por medio de este sueño intentamos dar cumplimiento a los deseos frustrados en la realidad.

MIMOSA: Soñar con este árbol nos revela una melancolía interior, junto a la que mantenemos una fuerte esperanza en el porvenir.

MINA: Representa la inmersión en nuestro interior, en el inconsciente, con la esperanza de encontrar allí algo nuevo que nos sea de utilidad en nuestra vida. Es una forma de plasmar, por ejemplo, el hecho de interpretar los sueños. (Ver BODEGA y CAVERNA).

MIRLO: Es símbolo de murmuraciones y cotilleos.

MITOLOGIA: Los personajes mitológicos que aparecen en nuestros sueños tienen el mismo significado que desde antiguo se les otorgó y se corresponden con nuestros arquetipos psicológicos. Debemos considerarlo como una recomendación de seguir o desarrollar las cualidades que el héroe o el dios representan.

MOLINO: Nos sugiere el logro de una riqueza alcanzada por medio del trabajo constante y esforzado. Si estuviera parado puede advertirnos de que nos estamos dejando arrastrar por la inconstancia.

MONEDAS: (Ver DINERO).

MONO: Suele representar nuestra propia caricatura. En él vemos plasmados ciertos reproches que nos hacemos a nosotros mismos por sus características de animal chillón, desaprensivo, burlón, inquieto, vanidoso, indecoroso y lascivo.

Las personas que habitan en lugares donde existen monos en libertad o los conocen mejor por haberlos estudiado, pueden tener una interpretación muy distinta, acentuando su inteligencia, sagacidad, libertad, agilidad y compañerismo. (Ver ESPEJO).

MONTAÑA: Puede representar elevación, subida, superación de obstáculos o ascensión y también la fuerza y el poder de la tierra como símbolo de la madre que nos protege y nos mantiene. (Ver ASCENSION, COLINA, CUMBRE, DIFICULTAD y MADRE).

MORDER: Es el símbolo de la agresividad. Por este medio destruimos, desgarramos un elemento ajeno a nosotros mismos, para poder así convertirlo en parte integrante de nuestro ser o simplemente para eliminarlo como obstáculo. Representa, además de la violencia física, el análisis y la comprensión intelectual. (Ver BOCA, DESCUARTIZAMIENTO, DESGARRAR, DIENTES y MANDIBULA).

MOSCAS Y MOSQUITOS: (Ver INSECTOS).

MOSTAZA: Sugiere increpación, excitación e irritabilidad. Puede sugerirnos la necesidad de poner más empeño en nuestras actividades.

MOTOCICLETA: (Ver AUTOMOVIL y BICICLETA).

MUCHEDUMBRE: (Ver GENTE).

MUDANZA: Es una indicación para cambiar nuestra orientación o forma de pensar.

MUEBLES: Son los que confieren un ambiente específico a la casa. Al considerarlos en particular ha de tenerse en cuenta la función que cada uno tiene, porque eso es lo que nos estarán diciendo en el sueño. (Ver APARTAMENTO, BODEGA, CABAÑA, CAMA, CASA, ESTANTES, HOTEL y MESA).

MUERDAGO: Representa salud, regeneración, fortaleza, bienestar, longevidad e inmortalidad. También puede represene aspectos complementarios.

MUERTE: Indica el fin de alguna empresa, circunstancia, relación, esfera de influencia, pasión, trabajo, etc. Pero al mismo tiempo es el anuncio también de algo nuevo, de un renacimiento en otro plano. (Ver ACCIDENTE, ACUCHILLAR, AHOGARSE, AHORCADO, ASESINAR, GUADAÑA, LUNA y MATAR).

MUJER: Si nos resulta conocida, estará enfatizando los lazos que nos unen a ella. En el caso de que se trate de alguien con quien no nos llevamos bien, nos convendrá intentar una reconciliación.
Cuando no podemos identificarla, el valor simbólico se encontrará en su aspecto y en las emociones que suscite en nosotros. En general, será una indicación sobre la forma en que consideramos nuestro arquetipo del anima, los impulsos intuitivos, la sensibilidad estética, la introspección y los aspectos contemplativos de la vida. (Ver MADRE).

MULA: (Ver ASNO).

MULETAS: (Ver BASTON).

MUÑECAS: Especialmente para una mujer, representan la nostalgia infantil, el deseo de sentirse protegida, cuidada, querida y eludir las responsabilidades del presente. Puede considerarse como una invitación a tomar un pequeño descanso en las obligaciones y disfrutar un poco más de la vida. Siempre con el propósito de recuperar fuerzas para continuar afrontando los problemas con entusiasmo y alegría, como si de un juego se tratase. (Ver JUEGO).

MURALLA: (Ver CASTILLO).

MURCIELAGO: Suele asociarse a los habitantes de la noche, de la oscuridad, del inconsciente tenebroso y por ello su presencia suscita temor y repugnancia. (Ver MEDIANOCHE y MIEDO).

MUSEO: Refleja inquietud cultural y la posibilidad de disfrutar de cosas profundas y delicadas. Representa exquisitez, gusto y selección en una situación social de alta calidad de vida. Si estuviera abandonado y polvoriento nos invitaría a pensar que la erudición, la exquisitez y el lujo carecen de sentido si no se saben compartir.

MUSICA: Soñar con música de estilo clásico representa la armonía, la paz y la belleza de la felicidad interior.

# N

NABOS: Son símbolo de mediocridad.

NACIMIENTO: Es el comienzo de algo nuevo. Puede tratarse de una amistad, un trabajo, una idea importante, un negocio o en general un nuevo sentido para nuestra vida. (Ver AMANECER).

NADAR: Simboliza la posibilidad de desenvolvernos con soltura en el agua, en el mundo de las emociones. (Ver AGUA y AHOGARSE).

NAIPES: (Ver JUEGO).

NARANJA: La fruta representa los senos femeninos, disfrutar de las relaciones sexuales, el idilio, la alegría y el bienestar. Si se encontrara pasada o podrida sería frustración de lo mismo. El color naranja simboliza la comunicación y la palabra, como paso del pensamiento a la acción. En este sentido, al igual que el dios mitológico Mercurio o Hermes, es el puente entre el cielo y la tierra, el idealismo y el materialismo, la teoría y la praxis. (Ver HABLAR y MERCURIO).

NARIZ: Es símbolo de voluntad y determinación. Cuando aparece desmesuradamente grande nos advierte de que podemos estar presionando demasiado a otras personas o que tenemos tendencia a meter la nariz donde no nos llaman.

Si es muy pequeña refleja candidez, inseguridad o pasividad. Vernos con ella ensangrentada o rota manifiesta la frustración de nuestros planes. (Ver CARA).

NAUFRAGIO: (Ver AGUA, AHOGARSE y BARCO).

NAVAJA: (Ver BISTURI y DAGA).

NARCISO: Representa vanidad, autoadmiración, egocentrismo, con la advertencia del peligro de quedarnos dormidos en los laureles o caer en las aguas de nuestra propia contemplación para ahogarnos en ellas.

NEGRO: Simboliza la ausencia de luz, la ignorancia y el temor. También se lo asocia con la muerte, el dolor y la tristeza. Pero ha de recordarse siempre que, en lo más profundo de la oscuridad, comienza a nacer la claridad y es por ello también esperanza de la nueva creación. (Ver DESIERTO, MEDIANOCHE y MUERTE).

NENUFAR: Representa la fuerza emergende de la pasión que puede llevarnos a la belleza de la creación o a la ruina del desbordamiento y la ceguera.

NEVERA: (Ver ESTANTES y FRIO).

NIDO: Significa el hogar y la familia. Cuando está vacío refleja el abandono y la soledad. Un nido de víboras es símbolo de traición. También representa específicamente a la madre y lo femenino en general. Robarlo puede ser indicativo de violencia sexual o del temor a ella. (Ver ANIDAR, CASA, DEDOS, MADRE y MUJER).

NIEBLA: (Ver GRIS).

NIEVE: (Ver BLANCO, FRIO y HIELO).

NIÑO: (Ver BEBE, JUEGO, JUVENTUD, MUÑECAS y NACIMIENTO).

NOCHE: (Ver MEDIANOCHE y NEGRO).

NORTE: Representa el rumbo, la orientación o el sentido de nuestra vida. Su presencia nos induce a considerar el nuestro. También es símbolo de frío y oscuridad, por ser el punto cardinal por el que nunca pasa el sol. (Ver ATAJO, AVENIDA, CAMINO y FRIO).

NUBES: (Ver DIFICULTADES y GRIS).

NUDO: (Ver AMARRAR y ENTRELAZAR).

NUEZ: Por su forma nos sugiere el cráneo y el cerebro humanos. También representa el esfuerzo que tenemos que hacer para conseguir lo que deseamos.

NUMEROS: Son símbolo del cálculo, la exactitud y el orden. Tal vez nos convenga prestar atención a tales cualidades en nuestra vida.

# O

OASIS: Representa la esperanza o el principio de la creatividad, de la abundancia, en medio de la desolación del desierto. (Ver AGUA, ALBERGUE y DESIERTO).

OCAS: Simbolizan la satisfacción afectiva y el debate ante el destino, perderse en el laberinto de la vida o encontrar la salvación, como nos muestra el conocido juego de la oca.

ODRE: (Ver BOTELLA).

OESTE: Es el lugar del descanso, de la caída de la tarde. Nos sugiere paz y tranquilidad. Su presencia en el sueño tal vez nos invite a relajarnos y a superar la situación de estrés en la que nos encontramos.

OJOS: Representan la comprensión, al captar la luz del conocimiento, la posibilidad de ver, de darse cuenta, o de que nos vean y descubran nuestros secretos. (Ver GAFAS).

OLAS: Sentir que nos mecen las olas es un aviso de que nos estamos dejando llevar por las circunstancias y apartarnos fácilmente de nuestro objetivo. Cuando son grandes represen-

OLIVO

tan las pasiones de amor, odio, celos, venganza, etc., que pueden hacer naufragar nuestra vida privada, profesional o social. Andar sobre ellas es símbolo de sublimación. (Ver AGUA, LAGO y MAR).

OLIVO: Representa la paz, la fuerza, la victoria, la recompensa, la purificación y la fecundidad. (Ver ACEITE y ACEITUNAS).

OLLAS: Son un símbolo de la vida hogareña y si se las ve sobre el fuego, preparándose en ellas la comida, indican satisfacción y bienestar en una vida sencilla y sin grandes preocupaciones. Pero también pueden sugerir temor ante la responsabilidad de sacar adelante la familia o rechazo ante la esclavitud que supone. (Ver CASA, ESTANTES y FOGON).

ONDINAS: (Ver AGUA, BARRO y HADAS).

OPERACION: (Ver AMPUTACION, AUTOPSIA y BISTURI).

OREJAS: Representan la comunicación en el sentido pasivo de la audición y también a la mujer en la relación sexual.

ORGIAS: Revelan la existencia de insatisfacciones sexuales y el cansancio de la voluntad ante su forzada sumisión a una normas impuestas por la vida civilizada. Debemos encontrar una forma de desahogar las inhibiciones y represiones que pesan en nuestro inconsciente antes de que nos causen males mayores.

ORIENTACION: Si en el sueño se nos presenta la necesidad de elegir un camino o buscar una orientación geográfica, debemos prestar mucha atención pues la dirección tomada encierra una clave importante para nuestra vida. Una vez hecho esto ha de consultarse el punto cardinal correspondiente o cualquier otro rasgo orientativo que hayamos encontrado.

ORINAR: Suele ser una representación del deseo fisiológico real. Pero también puede simbolizar el apetito sexual.

ORO: Representa lo superior, la luz, el conocimiento, la riqueza, la perfección, los bienes espirituales, la iniciación mística y la irradiación, como símil del sol. Pero al considerarlo como valor mercantilista cambia su significado. (Ver DINERO y JOYAS).

ORTIGAS: Simbolizan la traición, la crueldad y la lujuria.

ORUGAS: (Ver GUSANO).

OSCURIDAD: (Ver MEDIANOCHE y NEGRO).

OSO: Muestra la presencia de pulsiones inconscientes, incontroladas y crueles, cuando la sensación asociada es desagradable. Si ante su presencia experimentáramos bienestar estaría representando el consuelo y la protección materna.

OSTRAS: Se las suele asociar a la humildad que es capaz de producir en su interior la perla de la perfección espiritual y a los órganos genitales femeninos.
También representan riqueza, bienestar, placer y ambición.

OTOÑO: Representa la decadencia del esplendor y la madurez del verano. Es una época de nostalgia que invita a la

introspección y al gozo sereno en la paz de la naturaleza.
Los paisajes dorados de los bosques caducos nos   sugieren
experiencia y conocimiento reposado.

Caminar por esas alfombras sonoras es sentir los  suaves
cimientos de una vida plena, que nos proporcionan seguridad
y satisfacción por el trabajo realizado. Se va  acercando poco a
poco el frío del invierno y el final de  la vida. Pero este otoño nos
permite aceptarlo y sonreír  con la felicidad que la vida toda nos
ha proporcionado.

OVEJA: (Ver CORDERO).

# P

PADRE: Al arquetipo de la madre sucede el del padre, como renovación de la cultura patriarcal sobre la matriarcal originaria. También tiene una plasmación natural en el cosmos o firmamento, el tiempo o devenir y el sol como gobernador y señor del día. En el caso de la madre contemplábamos su presencia en las apoteosis del nacimiento y la muerte, mientras que el padre preside el interludio consciente de la vida. Y así, frente a la protección, la seguridad, el abrigo y la ternura maternas, encontramos ahora el riesgo, la aventura, la lucha, el esfuerzo, la investigación racional, el cálculo, la técnica, la competición, la legislación, el gobierno, el imperialismo y la represión.

En los sueños, el padre suele encarnar el tradicionalismo o conservadurismo, los principios heredados de la autoridad normativa y moral. Por esta razón, en la adolescencia y mientras dura el proceso de formación y asentamiento profesional, son muy comunes los sueños con el padre, bajo cualquiera de sus símbolos, en los que se manifiesta conflicto y hostilidad. (Ver ABOGADO, ACERO, ACTIVIDAD, ACUCHILLAR, AGUILA, AIRE, AMETRALLAR, ARMADURA, ASESINAR, ESPADA, FUEGO, LUZ, MAESTRO, MARMOL y MORDER).

**PAISAJE:** Debe considerarse como un mensaje simbólico complejo en el que han de tenerse en cuenta todos y cada uno de los elementos que lo conforman.

**PAJA:** Cuando la vemos almacenada en grandes cantidades representa éxito y abundancia de bienes. Si, por el contrario, aparece esparcida por el campo, sin orden ni concierto, es un reflejo de mala administración y desorganización, que puede ser causa de ruina.

**PAJAROS:** (Ver AVES).

**PALIO:** Representa protección y dignidad de tipo material si es cuadrado o rectangular y espiritual en el caso de que sea redondo. Su color puede aportarnos más datos.

**PALMA:** Es símbolo de fecundidad, regeneración y victoria.

**PALOMA:** Significa paz, ternura, amor, fidelidad, comunicación, armonía, esperanza y recuperación de la felicidad perdida. Ha de tenerse en cuenta también su color, que se consultará por separado. (Ver AVES).

**PAN:** Representa los alimentos en general y el esfuerzo del mandato bíblico: Te ganarás el pan con el sudor de tu frente. Su simbolismo onírico se refiere siempre a algo esencial; no superfluo. La forma merece especial atención y suele tener un carácter sexual, bien masculino o femenino, entre los adolescentes.

También es indicativo de comunión espiritual, fraternidad y deseos de compartir.

PANTALONES: Sugieren autoridad y por ello la forma en que a parezcan o lo que les acontezca durante el sueño será la forma en que consideremos ésta.

Si, por ejemplo, vemos que alguien se pone nuestros pantalones es porque tenemos miedo de que esa persona usurpe nuestra posición o autoridad. Cuando los pantalones se nos han quedado cortos es porque mantenemos un sentido del rigor trasnochado.

PANTANO: (Ver LAGO).

PANTERA: Suele representar a una mujer que acecha y que representa un gran peligro. Este puede ser un acoso sexual que suponga traición, venganza o manipulación deliberada.

PAPEL: Ver mucho papel escrito y desordenado indica inquietud. Si está sin usar lo que importa es el color. Cuando se lo lleva el viento supone una dispersión de intereses, ilusiones vanas y oportunidades perdidas. El papel mojado es pérdida de prestigio. (Ver BIBLIOTECA y CUADERNO).

PAQUETE: Recibirlo es el encuentro con algo inesperado. Pero si no lo abrimos es que las dudas que manteníamos con respecto a algún proyecto se confirman y debemos desecharlo. (Ver FARDO).

PARAGUAS: Nos protege de la lluvia, que son las dificultades de la vida, necesarias para alcanzar la madurez. Por ello representa un intento de eludir responsabilidades. (Ver LLUVIA).

PARAISO: Puede mostrar el deseo de eludir esfuerzos y responsabilidades para gozar de una vida regalada. (Ver ISLA y JARDIN).

PARALISIS: (Ver INMOVILIDAD).

PARARRAYOS: Nos advierte de la conveniencia de la precaución para evitar desastres.

PARASOL: (Ver PALIO).

PARDO: Es el color de la tierra, de la serenidad, maternidad y sencillez.

PARED: (Ver CASA, CASTILLO y DIFICULTADES).

PARIENTES: (Ver ABUELOS, HERMANOS, MADRE y PADRE).

PARTO: Puede ser la realización de un deseo ante la expectativa de un próximo nacimiento. También puede tratarse del alumbramiento de algún proyecto, idea o empresa que se estaba gestando desde hace tiempo. Pero lo que más destaca en este sueño es el esfuerzo y sufrimiento que precede a la plasmación de la obra creativa. (Ver AMANECER y NACIMIENTO).

PASTELERIA: (Ver COMER).

PASTOR: El simbolismo del pastor proviene de su condición de guía, vigilante y conocedor de todo aquello que al rebaño le conviene. Cuando aparece en nuestros sueños destaca la condición de líder o dirigente religioso, político, familiar o social que asumimos o en pos de la cual vamos. (Ver CORDERO y MAESTRO).

PATINAR: Representa un aviso de que nos hallamos en circunstancias difíciles. Necesitamos hacer uso de toda nuestra atención, cautela y equilibrio para no caer y rompernos la crisma. (Ver ACROBATA).

PATOS: (Ver OCAS).

PAVO: Es símbolo de abundancia, fertilidad y banquete familiar. Cuando es un pavo real con su cola desplegada representa la totalidad que encumbra y enaltece, el resplandor solar. Es esta una situación de magnificencia y gloria pasajera que mueve a la vanidad y al egocentrismo, aunque no necesariamente. Se puede asumir la propia grandeza sin que por ello tengamos la necesidad de la admiración y el exhibicionismo. (Ver BANQUETE, GLORIA, GUIRNALDA y NARCISO).

PAYASO: (Ver ARLEQUIN).

PECES: Son habitantes de las profundidades, de lo inconsciente, que emergen a la consciencia como señal de peligro, cuando son grandes y poderosos, como alimento para la creatividad o como recuerdos nostálgicos de vivencias pasadas. Cuando pretendemos coger los peces con las manos y se nos escapan reflejan desilusiones o frustraciones emocionales. Los que están muertos o nadan lentamente y en solitario indican desengaños, amargura y abandono. (Ver ACUARIO, AGUA y NADAR).

PEINARSE: Denota preocupación por la propia apariencia. Si encontramos dificultad al hacerlo puede sugerir la presencia de problemas por falta de claridad en nuestros pensamientos. (Ver ACICALARSE).

PELEA: (Ver GUERRA).

PELICANO: Representa abnegación y sacrificio.

PELICULA: (Ver CINE).

PELO: Vernos cubiertos por un exceso de vello o en partes inusuales refleja primitivismo y esclavitud sensual. Pero si no lo tenemos manifiesta sensiblería y debilidad de carácter. (Ver BARBA, BIGOTE, CABELLO y PEINARSE).

PELOTA: Jugar con ella representa un retorno a la infancia, buscando allí protección y eludir responsabilidades. Vernos acariciando una pelota o dar importancia a su superficie indica además un deseo sexual reprimido. (Ver JUEGO).

PENSAMIENTO: Soñar con esta flor nos muestra la necesidad de la reflexión, la meditación y el silencio, así como la sensación de que alguien se acuerda de nosotros. El resto de los símbolos y el color pueden ayudarnos a descubrir de quién se trata.

PERAS: Representan abundancia, fertilidad, sensualidad y erotismo. La flor del peral, por su blancura, fragilidad y lo efímero de su duración, simboliza el carácter perecedero de la existencia humana.

PERDER: (Ver DESAPARICION).

PERDIZ: Su grito indica atracción sexual.

PEREGRINO: Es el símbolo de la búsqueda, la expiación, la purificación y el homenaje. Su sentido primigenio es hacer el viaje en la pobreza, con humildad, convirtiéndolo en un rito iniciático para el logro de la iluminación y santificación. Y así es como muchos entienden su vida en el mundo. (Ver ANDAR, BASTON, BIFURCACION, CAMELLO, CAMINO, CRUZ, ENCRUCIJADA y ORIENTACION).

PERFUME: Sugiere una presencia espiritual, la perduración, el recuerdo la nostalgia. El suave y agradable indica bondad y delicadeza. Los fuertes y desagradables, primitivismo y rudeza. (Ver INCIENSO).

PERIODICO: Es símbolo de comunicación, de noticias. Puede indicar el deseo de un cambio en nuestra vida o la sugerencia de buscar más información para poder decidir sobre los asuntos que nos preocupan. Es un medio a través del cual el inconsciente nos avisa de peligros o contrariedades, que aparecerán reflejados en los titulares o fotografías. (Ver CARTA, HALLAZGO, LEER, MERCURIO, NARANJA y PAPEL).

PERLA: Representa la esencia femenina y creadora, la influencia lunar de sus reflejos, los sentimientos íntimos y delicados, el impulso amoroso y la belleza.

Además de estas consideraciones en cuanto a su simbolismo ideal, también se la puede ver formando parte de joyas o collares. En este sentido indica unidad de lo múltiple y selecto para el logro de la perfección material y sentido mercantilista, exhibicionista y superficial.

Cuando se rompe un collar de perlas y éstas se dispersan sugieren un desgarramiento y desmembración; frustración o miedo de no conseguir finalmente aquello por lo que tanto se ha luchado. (Ver DESCUARTIZAMIENTO, DESGARRAR, JOYAS, LUNA, MUJER y OSTRA).

PERRO: Es uno de los símbolos tradicionales de la fidelidad, la amistad y la compañía. Pero también puede convertirse en enemigo encarnizado cuando amenazamos la propiedad que defiende.

Soñar con un perro puede ser la expresión del deseo de sentirse amado y protegido, de tener a nuestro lado alguien con quien compartir nuestra vida. (Ver LADRIDO).

PESCAR: Representa el deseo de recuperar contenidos inconscientes, redimir o sublimar lo anteriormente reprimido o condenado. Y para ello es necesario comprender con claridad y en detalle el propósito de nuestros deseos y acciones; ver en qué forma pueden ayudarnos, alimentarnos, para alcanzar la salud, el equilibrio y el bienestar en la vida. (Ver ANZUELO, LAGO y PECES).

PETRIFICACION: A veces soñamos que el miedo nos inmoviliza, nos petrifica y otras que somos incapaces de actuar en una situación que discurre ante nosotros, a pesar del deseo que tenemos de hacerlo. En ambas ocasiones se está evidenciando un estancamiento personal, familiar, social o profesional. Y es éste, precisamente, el que debemos considerar. Tal vez un poco más de entusiasmo, amor y ternura pueden ayudarnos a solucionar nuestros problemas. (Ver INMOVILIDAD, MARMOL, METAMORFOSIS, MIEDO y PIEDRA).

PIEDRA: Por su dureza, consistencia y perdurabilidad ha simbolizado desde antiguo la inmortalidad, la resistencia, la tenacidad y la perseverancia.

Cuando vemos piedras que provienen de un volcán son símbolo de endurecimiento de los sentimientos. Las que proceden de meteoritos adquieren carácter sagrado por su origen celeste y pueden representar en el sueño una intuición sólida que nos permitirá levantar grandes proyectos. La piedra cúbica representa el triunfo de la racionalidad sobre la rudeza de los impulsos instintivos y su tallado, el trabajo de la depuración y superación personal; la ética.

Las piedras preciosas simbolizan la transmutación de lo opaco en transparente, de lo imperfecto en perfecto y de las tinieblas en luz. Su extraordinario valor procede de su escasez, rareza y belleza natural, exaltada por medio del cuidadoso trabajo humano. (Ver CASTILLO, CRISTAL, DADOS, DIAMANTE, DIFICULTADES, EDIFICAR, JOYAS, MARMOL y PETRIFICION).

PIEL: Cuando es suave y tersa sugiere sensualidad y delicadeza, así como necesidad de afecto y de caricias.

En este sentido recuerda la protección y el abrazo de la madre o del ser amado. Soñar con una piel arrugada es la expresión del temor a la vejez y a la pérdida del atractivo personal. Las manchas o enfermedades advierten de perturbaciones emocionales, que pueden llegar a dañar la salud física. (Ver ABRAZAR, ABSCESO, AMIGO, AMOR, BEBE y MADRE).

PIERNAS: Representan el movimiento, el caminar y la capacidad de sobreponernos a las circunstancias, de reaccionar frente ellas, así como el soporte del cuerpo, de nuestra vida, planes, proyectos y empresas. Si nos faltaran en el sueño querría decir que carecemos de base o de conocimientos suficientes para llevar a cabo lo que deseamos. (Ver ACCIDENTE, ANDAR e INMOVILIDAD).

PIES: Son el asiento y el contacto con el suelo. Su buen estado representa seguridad y estabilidad. Unas huellas ante nosotros son una invitación para avanzar en ese sentido, siguiendo el camino de la tradición. Si nos amputaran un pie o ambos sería el aviso de que alguien está minando nuestros planes o de que nosotros mismos nos estamos apartando de la realidad y corremos riesgo de desequilibrio físico o mental. (Ver AMPUTACION, BOTAS, BUSCAR, CAMINO y ORIENTACION).

PINO: (Ver ABETO).

PIÑA: Simboliza la permanencia de la vida vegetativa, la exaltación de la potencia vital y la glorificación de la fecundidad.

PIPA: Cuando soñamos que estamos fumando en pipa encontramos la sugerencia de una vida apacible, serena, contemplativa y llena de bienestar.

PLANTAS: Representan el renacimiento y el flujo incesante de la energía vital, así como el reflejo de nuestros sentimientos y emociones. Si nos vemos cuidándolas es símbolo de la atención que concedemos a nuestros seres queridos.

PLATA: Guarda una correspondencia con la luna, el color blanco, el agua, la pasividad, lo femenino y la franqueza. Al ennegrecerse indica una corrupción de nuestras intenciones primigenias. También representa dinero. (Ver AGUA, BLANCO, DESNUDO, DINERO y MUJER).

PLATANO: Por su dulzura, textura y forma es un símbolo fálico y de las relaciones sexuales en general.

PLAYA: Puede ser un lugar al que se llega para salvarse de un naufragio o para disfrutar del tiempo libre. En el primer caso será un apoyo que encontramos en nuestras tribulaciones y problemas; en el segundo, la nostalgia de un descanso, tranquilidad y desinhibición. Si está muy concurrida indica vida social. (Ver ARENA, ISLA y MAR).

PLUMAS: (Ver ALAS y AVES).

POLLITOS: Representan deseos de afecto, sencillez e ingenuidad.

POLVO: Verlo sobre los objetos es símbolo de abandono y dejadez. También representa disolución o desintegración. (Ver ABANDONAR y CENIZAS).

POZO: (Ver ABISMO, AGUA, BODEGA, CAVERNA y CUBO).

PRADERA: Sugiere libertad, amplitud, alegría y esperanza. (Ver CESPED, FLORES y HIERBA).

PRECIPICIO: (Ver ABISMO).

PRIMAVERA: Es el anuncio del renacimiento, la alegría, el optimismo y la felicidad. Suele ocurrir cuando pasamos por alguna crisis y es la esperanza en el porvenir, que desde nuestro inconsciente emerge. (Ver FLORES y PLANTAS).

PRINCIPE: Representa la primacía, el triunfo y la conquista de valores personales, pero siempre como promesa para una realización futura. Es también una de las formas que puede tomar el arquetipo del animus. (Ver GACELA, GLORIA y JUVENTUD).

PRISIONERO: (Ver AHOGARSE, ARMADURA y CARCEL).

PROCESION: (Ver CAMINO, CIRCULO y PEREGRINO).

PROCESO: (Ver ABOGADO, ACUSAR y JUSTICIA).

PUENTE: Es un vínculo de unión entre dos cosas separadas y que permite la comunicación entre ambas. Ese es el simbolismo del mitológico dios Mercurio, mediador entre el mundo de los dioses y el de los humanos, y la función que se establece por medio del juego. Conviene tener en cuenta la naturaleza o las características de lo que se une en esta forma, para ver con más claridad su mensaje, así como el tipo de vacío que las separa. (Ver ARCO IRIS, JUEGO y MERCURIO).

PUERTA: Es también un lugar de paso y la comunicación entre dos espacios separados por un muro. Si la encontramos abierta es una invitación a franquearla, a dejar atrás nuestras perplejidades y a comenzar una nueva etapa en nuestra vida. En el caso de que no podamos abrirla es un aviso de que nos mantengamos en la situación en que nos encontramos sin cambiar, por el momento.

PUERTO: Representa el principio o el final de un viaje y por ello el nacimiento y la muerte, lo que le pone en conexión con el símbolo de la madre.
Si tan sólo lo contemplamos sin vernos iniciar ningún viaje, éste se realizaría con la imaginación y la fantasía, mostrando nuestros deseos de evasión, de huir de la realidad. (Ver BARCO, MADRE, MAR, MUERTE, NACIMIENTO).

**PULGAS:** Simbolizan pequeñas molestias reales o imaginarias. (Ver INSECTOS).

**PULPO:** Sugiere la presencia de una tentación pasional que pretende sumirnos en las profundidades de lo inconsciente. Es la invitación del abismo. (Ver ABISMO e INFIERNO).

**PUNTAS:** Representan la intromisión, la incisión, la agresión, la increpación, la agudeza, la actividad y el falo.

**PUÑAL:** (Ver BISTURI y DAGA).

**PUÑO:** Es símbolo de amenaza, de tozudez o de tacañería.

**PURPURA:** Color rojo oscuro, algo morado, que denota dignidad, triunfo, honores y felicidad amorosa, debido siempre a una unión de la acción y el entusiasmo emocional, con un ligero predominio de la primera

**PUTREFACCION:** Es la muestra de que para dar lugar a algo nuevo se precisa de una descomposición de lo previo. No debemos inquietarnos al sentir que las cosas pasan, se corrompen o envejecen pues, tras esa muerte, una nueva vida se está gestando ya.

# Q

QUEMADURAS: Vernos con ellas o quemarnos nos muestra un exceso de actividad en nuestra vida que está poniendo al límite nuestra resistencia y quebrantándola. Esta puede ser física, moral o psicológica. En cualquier caso, precisamos urgentemente serenidad, calma y relax. (Ver FUEGO).

QUESO: Es un producto que surge de la elaboración y densificación de la leche. Representa la posibilidad que tiene todo sentimiento o deseo puro de convertirse en base firme, sustento y alimento propio y de los demás, por medio de la constancia en el trabajo y el conocimiento.

QUIMERA: Es un animal imposible que nos seduce y al atraparnos nos destruye. Nos sugiere que no debemos fiarnos de las fantasías mientras no seamos capaces de plasmarlas o hacerlas reales en alguna manera. En otra forma pueden alejarnos de la realidad y llevarnos a la locura. (Ver HADAS).

# R

RAMA: (Ver BIFURCACION Y PALMA).

RAMO: Un ramo de flores es un homenaje u ofrenda que representa amistad, sinceridad, cortesía y afecto. (Ver FLORES).

RANAS: Se interpreta como algo desagradable y molesto por su tacto, la monotonía de su croar y su vida en aguas medio estancadas. Puede tratarse de una reacción ante ciertas compañías no deseadas que nos veamos en la obligación de frecuentar.
Su condición de anfibios sugiere que puede tratarse de sentimientos o pensamientos impropios o bajos que nos acosan. (Ver AGUA y AIRE).

RATAS: Suele inspirar repugnancia y temor por su gran capacidad de transmitir enfermedades, su voracidad y su presencia en medios sucios, pobres y abandonados. Representan las terribles pasiones degeneradoras que nos van consumiendo internamente, como es el caso del rencor, los celos, la envidia, el odio, la perfidia, la avaricia, etc. (Ver INFIERNO).

RAYO

RAYO: Simboliza aquellas circunstancias que nos vienen impuestas sin que podamos evitarlo y que cambian radicalmente nuestra vida. (Ver ACCIDENTE).

REBAÑO: Muestra inseguridad y falta de personalidad, razones que mueven a buscar continuamente la integración en un grupo que difumine los individuos. Es una experiencia común en las grandes ciudades.
Para la gente del campo es símbolo de riqueza. (Ver CORDERO).

RED: Sirve para cazar, pescar o atrapar. Es la representación más clara del deseo y del egoísmo escondido en la acepción vulgar del amor. Su presencia en el sueño refleja la necesidad de apoderarse o adueñarse de lo ajeno, ya se trate de objetos, animales, personas o sentimientos, así como la de impedir que salga lo propio. Si nos viéramos a nosotros mismos aprisionados en la red puede tratarse de una advertencia: las falsedades, bajezas y engaños se vuelven contra su autor.
En muchas ocasiones es un recurso, ante una insatisfacción afectiva, para tratar de robar lo que creemos que los demás nos niegan. (Ver AMARRAR, AVES, CAZA, ENTRELAZAR, ENVOLVER, PECES y PESCAR).

REJA: (Ver DIFICULTADES).

REJUVENECER: (Ver FUENTE, JUVENTUD y METAMORFOSIS).

RELAMPAGO: (Ver LUZ, LLUVIA y RAYO).

RELOJ: Representa el devenir vital humano porque es la medida de nuestro tiempo y recuerda el latido del corazón. Si lo vemos atrasado es que tenemos tendencia a dejar cosas pendientes y debemos tratar de incrementar nuestro ritmo de trabajo para no quedar completamente desbordados.

Cuando se adelanta es porque sufrimos de estrés y nos conviene relajarnos un poco. (Ver CALENDARIO).

RENDICION: (Ver ABANDONAR y ABDICAR).

REPTILES: Son símbolo de lo más primitivo, voraz y rastrero que encontramos en nuestro interior: los bajos instintos. Su sangre fría refleja la falta de sentimientos o consideración hacia los demás. Si somos devorados por un reptil es que determinadas pulsiones inconscientes se están apoderando de nuestra personalidad.

RESBALAR: Es una manifestación de inseguridad, miedo o angustia. (Ver ABISMO y PATINAR).

RESCATAR: Representa la necesidad de hacer un esfuerzo superior a lo normal para poder salir de una situación difícil que nos disminuye moral, física o económicamente; nos mantiene bajo la dependencia de algo o alguien, que puede ser un vicio, una deficiencia o una supeditación.

RETRASO: Vernos llegar tarde a algún sitio indica que existe un desfase entre nuestro ritmo interior de trabajo y el curso de los acontecimientos. (Ver RELOJ).

RETRATO: (Ver CUADRO, ESPEJO y FOTOGRAFIAS).

RETRETE: Es el lugar en el que nos hallamos en la máxima intimidad e indefensión ante nosotros mismos, con nuestras miserias y necesidades más imperiosas. En los sueños representa la depuración interior; nos desprendemos de algo dañino o perjudicial, como puede ser un sentimiento de culpabilidad, una inhibición, represión, trauma o cualquier otra tara, que nos permite equilibrar un poco más nuestra vida psíquica. (Ver BAÑERA, ESPEJO, EXCREMENTOS, JABON y ORINAR).

REZAR: Muestra un sentimiento de culpa del que queremos ser redimidos, así como buscar la ayuda de lo irracional, incomprensible o divino para que nos saque de un problema ante el cual creemos haber agotado todos nuestros recursos conscientes. (Ver MAGIA y MANOS).

REYES: Son la imagen arquetípica de la madre y el padre ensalzados a su máxima dignidad, autoridad y poder. (Ver AGUILA, LEON, MADRE, PADRE y ORO).

RIENDAS: Representan la posibilidad de dirigir el carro o los caballos, como fuerzas vitales de nuestra existencia. Son la relación que se establece entre la inteligencia y la voluntad. Si soñamos que se rompen, nos conviene visitar cuanto antes a una persona que pueda ayudarnos pues corremos un grave riesgo de desequilibrio psicológico.

RIÑONES: Son el símbolo de la fuerza, el poder y la resistencia física. (Ver ESPALDA).

RIO: (Ver ARROYO).

RIQUEZA: (Ver ABUNDANCIA, DINERO y JOYAS).

RIVAL: (Ver ENEMIGOS).

ROBAR: (Ver LADRON y RED).

ROBLE: En toda Europa representa el poder y la fortaleza. En los sueños debe interpretarse como la presencia de una gran energía interior que nos permitirá afrontar con bien todas las dificultades, Si lo viéramos enfermo, seco o muerto, sería un aviso sobre un debilitamiento de nuestro carácter.

ROCA: (Ver PIEDRA).

ROCIO: Representa la pureza, la candidez y la virginidad por ser un agua destilada que se posa suavemente al amanecer. Para algunos es una bendición divina. (Ver AGUA, AMANE-CER y BLANCO).

RODILLAS: Son símbolo del orgullo, la autoridad y la posición social del soñador. Soñar que nos arrodillamos ante alguien es signo de sumisión o un sentimiento de inferioridad. Cuando sentimos en ellas debilidad, que están heridas o rotas, representa falta de personalidad y pobreza. (Ver PIERNAS).

ROEDORES: (Ver CONEJO y RATAS).

ROJO: Es el color de la sangre, del fuego, de la pasión, de la actividad, de la guerra y de los impulsos sexuales guiados por la brutalidad.

ROPA: Refleja la atención y el cuidado que se otorga a la apariencia. Puede mostrar elegancia, notoriedad, provoca-ción sexual, etc. Tal rasgo unido al color de la ropa nos permite conocer mejor hacia dónde se dirige nuestra atención o nuestras necesidades en lo que respecta al trato con los demás.

También se puede soñar con ropa interior del sexo contrario, lo que evidencia que existe una represión sexual. (Ver ACICALARSE, ANDRAJOS, CAMISA, DESGARRAR, DESNUDO, FARDO, MEDIAS y PANTALONES).

ROSA: Esta flor simboliza la riqueza del alma, el despertar de la sensibilidad interior, su evolución, la delicadeza por su tacto y todos los sentimiento por la amplia gama de sus colores. Suele representar fundamentalmente el amor desde la pureza, en su color blanco, hasta el más apasionado del rojo. La rosa de oro es la realización absoluta del ser.

También aparece siempre asociada a sus espinas pues no hay logro espiritual sin esfuerzo. El color rosa representa el amor como actividad desinteresada, pura, sin egoísmo.

RUBI: Es la piedra de la felicidad, de la intensidad de la vida y del amor.

RUEDA: (Ver AUTOBUS, AUTOMOVIL, CAMINO y CIRCULO).

RUINAS: Se refieren a destrucciones, antigüedades, cosas muertas o abandonadas. Son sentimientos, ideas, circunstancias vividas, que ya no poseen el más mínimo calor vital pero que nos mantienen sujetos por la melancolía. (Ver ABANDONAR, FRIO, MUERTE y PIEDRA).

RULETA: (Ver CIRCULO y JUEGO).

# S

SABIO: (Ver MAESTRO).

SAL: Es símbolo de conservación, de incorruptibilidad, de absorción y de materia prima. Cuando se derrama por el suelo representa esterilidad. Ofrecerla o recibirla es signo de amistad. (Ver ACUMULAR, DESIERTO y FRIO).

SALMON: Representa la fuerza, el valor y el coraje que predominan por encima de la propia vida, del instinto de conservación mismo.

SALTAMONTES: (Ver LANGOSTA).

SALTAR: Hacerlo hacia arriba simboliza nuestros deseos de autosuperación, de alcanzar nuevas metas o posiciones sociales o profesionales. También puede representar una superación de dificultades. (Ver DIFICULTADES y ESCALAR).

SALVAJES: Son el componente primitivo y regresivo de nuestra personalidad. Reflejan el temor o la resistencia al avance. Puede ser una advertencia para no seguir adelante en nuestros proyectos hasta haber alcanzado una mayor madurez.

SANDIA: Es signo de fecundidad y una señal afirmativa cuando estamos considerando proceder o no con un negocio.

SANGRE: Puede representar el temor a las enfermedades, a los accidentes o a la menstruación en las adolescentes. (Ver ROJO).

SAPO: Agrega al simbolismo de la rana su mayor fealdad y repugnancia. (Ver RANA).

SAUCE: Representa tristeza e inmortalidad.

SED: Es un fuerte anhelo de sentimientos o emociones elevadas.Si nos viéramos obligados a saciarla con agua turbia o caliente denotaría desengaños, decepciones, desilusión o crisis de valores. (Ver AGUA y HAMBRE).

SEDA: Su tacto es una incitación a la delicadeza, la sensualidad y el erotismo. (Ver PIEL y ROPA).

SELLO: Es signo de autoridad y legitimación, así como de secreto, protección y virginidad. (Ver AUTORIDAD y CARTA).

SEMILLAS: Son la vida en potencia, los proyectos, las ideas y los impulsos creativos en general. (Ver GERMINAR, PLANTAS y PUTREFACCION).

SENOS: Representan la maternidad, la dulzura y la seguridad. También pueden ser la manifestación de un deseo afectivo, de caricias, de intimidad, de recuperar la infancia. Besarlos es signo de gratitud hacia la madre y supone satisfacción afectiva. (Ver BEBE, BESAR, DESNUDO, LECHE, MADRE, MUJER, NARANJAS y PIEL).

SERPIENTE: Agrega al símbolo general de los reptiles su representación fálica, la del poder de la sublimación, de la curación y de la sabiduría. (Ver NIDO y REPTILES).

SERRAR: Representa el deseo de cortar algún tipo de relación o conflicto que nos resulta especialmente molesto, pesado o duro de roer. El objeto serrado nos dará información sobre el problema. También puede ser el aviso de que estamos perdiendo algo que nos resulta necesario debido a nuestra actitud.

SEXO: Los sueños en que se mantienen relaciones sexuales son frecuentes y delatan la atracción que sentimos hacia nuestra pareja onírica o la necesidad que tenemos de las características que simboliza. Si destacara alguna parte especial del cuerpo o etapa del coito, debe interpretarse por separado.

Cuando manifiestan un tipo de actividad morbosa o desviada pueden indicar, sencillamente, que hemos llegado a una saturación, monotonía o cansancio y que necesitamos una renovación; incrementar el juego erótico.

Si jamás se produjera ninguno, ya sea en forma directa o a través de simbolizaciones indirectas, es porque tenemos algún tipo de alteración psicológica y nos conviene visitar a una persona capacitada para ayudarnos. (Ver ABRAZAR, ADULTERIO, AMOR, BESAR, BOCA, DESNUDO, HAREN, HOMBRE, INCESTO, INFIDELIDAD, JUEGO, MUJER, PIEL, PUNTAS y SENOS).

SILENCIO: Cuando destaca anormalmente en un sueño simboliza un complejo de culpabilidad relacionado con el tema del mismo.

**SIRENAS:** Representan las tentaciones o los deseos pasionales que pretenden dejarnos anclados en alguna etapa del viaje de nuestra vida, engañados por una falsa ilusión de placer. Nos conviene concentrarnos con claridad en el rumbo que hemos decidido dar a nuestra vida y seguirlo con firmeza para no terminar destruidos por nuestro fracaso e ineptitud. (Ver HAREN, LABERINTO y MERCADO).

**SOL:** Es el símbolo de la actividad consciente y del gobierno racional de nuestra vida. La observación de su recorrido nos invita a considerar las distintas fases cíclicas de nuestras actividades y a que cuando se oculta su luz debemos descansar tranquilamente, con la confianza de que volverá con la mañana. Tal vez nos sea útil recordar a R. Tagore: Cuando llores en la noche porque no ves el sol, tus lágrimas te impedirán ver las estrellas. Al aparecer en nuestros sueños se nos sugiere que potenciemos todo aquello que representa: energía, luz, calor, vida, irradiación, claridad, etc. (Ver AMANECER, AMARILLO, ASTROS, CIELO, CLARIDAD, DIOS, LUZ, ORO, PADRE y REYES).

**SOLDADOS:** Simbolizan el deber, las obligaciones y la jerarquización social en la que vivimos. Reflejan un sentimiento de sometimiento, del que desearíamos liberarnos. (Ver BOTAS, EJERCITO, ENEMIGO y GUERRA).

**SOMBRERO:** Tiene relación con la importancia que demos a nuestra apariencia, rango y posición social. Si nos viéramos con un sombrero ridículo sería una advertencia de que mantenemos una actitud chocante o grotesca con relación al tema del sueño. Una gorra militar indicaría exceso de autoritarismo. Un sombrero de copa, presunción y pretensiones desmesuradas.

En algunos casos puede tener un matiz sexual, en cuanto al uso de preservativos. (Ver ACICALARSE y CABEZA).

SOMBRILLA: (Ver PALIO).

SOPLAR: Hacerlo sobre unas ascuas para recuperar la llama indica nuestro deseo de mantener viva la actividad, el entusiasmo, el amor, un ideal o una amistad. Si soplamos para apagarla será lo contrario. (Ver AIRE y FUEGO).

SOTANO: (Ver BODEGA, CASA y CAVERNA).

SUBIR: (Ver ACERA, ASCENSION, ASCENSOR, CO-LINA, ESCALAR y SALTAR).

SUBTERRANEO: (Ver BODEGA, CAVERNA, MEDIA-NOCHE y NEGRO).

SUCIEDAD: (Ver BARRO y MANCHAS).

SUR: Es el punto cardinal donde el sol alcanza su máximo esplendor y a través del cual realiza su recorrido diario. Por ello representa iluminación, éxito y gloria. (Ver GLORIA y ORIENTACION).

# T

**TAMIZ:** Representa la capacidad de seleccionar, escoger, elegir y perfeccionar. El sueño nos sugiere hacer esto mismo con aquellos asuntos y personas que nos rodean, así como con nuestros propios pensamientos, sentimientos, deseos y proyectos. (Ver HARINA).

**TAPIZ:** Tejerlo representa elaborar o conducir nuestra vida según el proyecto que nos hemos marcado y empleando para ello hilos de experiencias seleccionadas en una gran variedad de tonos y mucha paciencia y constancia. Si es muy ligero nos indica que nos tomamos la vida demasiado superficialmente, mientras que si es espeso y bello muestra abundancia, riqueza y calidad personal. (Ver CUADRO e HILO).

**TARDE:** (Ver OESTE).

**TATUAJE:** Indica el grado de dependencia que tenemos de aquello que aparece tatuado.

**TEATRO:** Representa el drama de nuestra vida en el gran teatro del mundo. Desde las iniciaciones de los antiguos misterios, las tragedias griegas, los autos medievales, las come-

dias renacentistas y modernas, siempre ha existido un deseo
de plasmar las íntimas emociones y las diferentes posibilidades
de afrontar los hechos humanos, para alcanzar la sabiduría, el
dominio de la naturaleza, la resignación ante lo inevitable, la
felicidad y la crítica sutil y mordaz de las costumbres de una
época. Y esto mismo es lo que ocurre cada noche en nuestro
interior. Los sueños son la escenificación de moralejas, críticas
y observaciones para lograr la catarsis, el equilibrio emocional
y psicológico.

Sea cual sea nuestro papel en esta obra escrita por nuestro
inconsciente, ya seamos colaboradores, espectadores, directo-
res o actores, debemos fijar la atención en lo que suceda en el
escenario. Eso es lo que hay que analizar y poner en relación
con nuestras vivencias cotidianas para beneficiarnos con la
sabiduría que encierra.

TEJADO: Es un signo de protección ante las circunstancias
exteriores, aunque puede tener la desventaja de evitarnos
el enriquecimiento de ciertas experiencias.

Si la sensación asociada es agradable es porque necesitamos
un descanso en nuestros trabajos y esfuerzos. Tratándose de
un sentimiento inquietante, es una advertencia para abrir nuestra
mente a nuevas ideas o posibilidades, pues sólo así podremos
seguir avanzando y creciendo.

TELARAÑA: (Ver ARAÑA y RED).

TELEFONO: Representa comunicación y mensajes que nos
llegan en la intimidad. Debemos estar abiertos a las intuiciones.

TELEVISION: (Ver TEATRO).

TERCIOPELO: Es símbolo de riqueza y sensualidad. Puede ser el recuerdo o la necesidad de unas relaciones íntimas muy impregnadas de ternura y erotismo. (Ver PIEL y SEDA).

TERMITAS: (Ver HORMIGAS e INSECTOS).

TERNERO: (Ver BEBE y CORDERO).

TERREMOTO: Representa un fuerte desequilibrio en las circunstancias de nuestra vida, que nos crean gran inseguridad y temor. Nos impele a desarrollar una transformación, a cambiar las bases de nuestras orientaciones, valores y proyectos más radicales; a renacer. (Ver ABATIMIENTO, ABISMO, CATASTROFE y RESCATAR).

TESORO: (Ver ABUNDANCIA, DINERO, DIAMANTE, FUENTE, JARDIN, JOYAS, OASIS, ORO, PARAISO y ROSA).

TIENDA DE CAMPAÑA: Es símbolo de protección y de evasión. (Ver CABAÑA, MONTAÑA, PLAYA y TEJADO).

TIERRA: (Ver MADRE, MONTAÑA, PARDO y PIEDRA).

TIGRE: Representa los instintos, las pulsiones más fuertes, dispuestas a saltar a la cotidianidad de nuestra vida.

TIJERAS: Puede expresar una asociación de dos cosas o personas para desarrollar una labor en equipo, aunque la mayor parte de las veces se refiere al deseo de cortar o poner fin a una relación o actividad. (Ver MATRIMONIO y SIERRA).

**TILO:** Es símbolo de tranquilidad, serenidad, amistad y ternura.

**TIMON:** (Ver RIENDAS).

**TINTA:** Representa la prosperidad por la posibilidad que nos ofrece de escribir y enriquecer nuestras ideas, proyectos y obras. Pero si nos manchamos con ella supone la presencia de dificultades imprevistas. (Ver DIFICULTADES, CUADERNO, MANCHAS y PAPEL).

**TITERES:** Son muñecos dirigidos por impulsos ajenos a ellos mismos. Su presencia puede indicarnos la necesidad de recuperar la responsabilidad sobre nuestra propia vida o la de permitir que otros se expresen libremente, en el caso de que seamos nosotros quienes manejemos los títeres.

**TORBELLINO:** El movimiento circular o en espiral representa la creación o disolución del mundo, dependiendo de su sentido. Cuando su velocidad nos rebasa es porque no depende de nosotros, de nuestra voluntad, y en tal caso simboliza la esclavitud en que nos mantienen las circunstancias, ya sean emocionales, familiares, sociales o profesionales. Corremos un grave riesgo de ser arrastrados al desastre si no reaccionamos a tiempo e invertimos el giro de nuestra propia fuerza creativa para romper las indeseables cadenas del torbellino exterior. (Ver ABISMO, AIRE y HURACAN).

**TORO:** Ya en los restos de la antigua cultura Chatal Hüyük, que data de 7000 años antes de Cristo, se encuentran cabezas de toro para representar las epifanías de dioses y la combinación de los pechos femeninos con los cuernos de este animal, como símbolos de vida. Es uno de los más primitivos signos que se han utilizado para hacer referencia a la fuerza poderosa del instinto de procreación y al desenfreno sexual.

En la mitología griega se encuentran también numerosas referencias a esto mismo y se describen varias pruebas de realeza, que consisten en someter al toro y arar con él los campos o hacerlo útil para la comunidad en cualquier otra forma. Es una muestra de la potencia sexual que, bien canalizada, es fuente de creatividad y vida; pero cuando se reprime y acumula irresponsablemente, puede estallar con una violencia incontrolable.

Ver un toro majestuoso y desafiante puede indicarnos la gran capacidad de recursos creativos de que disponemos; dependerá de nosotros el uso que hagamos de ellos y sus resultados. Si nos persigue es que la fuerza represiva no puede contener por más tiempo nuestros impulsos y necesitamos encontrar la mejor forma de liberarlos, antes de que nos lleven a un desequilibrio grave. (Ver FUEGO y ORGIAS).

TORRE: (Ver CASA, CARCEL, CASTILLO, CUMBRE, CUERPO, ESCALAR, ESCULTURA y PIEDRA).

TORTOLA: (Ver PALOMA).

TORTUGA: Representa longevidad, protección y lentitud.

TRANVIA: (Ver AUTOBUS).

TREBOL: Es símbolo de la trinidad de fuerzas básicas, actividad, conservación y equilibrio, que unidas a la cuarta, la estabilidad o el asentamiento, ofrecen su habitual significado de buena suerte o prosperidad.

TREN: (Ver AUTOBUS).

TRIGO: Representa riqueza y prosperidad, inspiración y dones recibidos por medio de la intuición y el pensamiento.

TUMBA: (Ver CEMENTERIO).

TUNEL: (Ver LUZ, NEGRO y PUENTE).

TUNICA: Simboliza el alma en su manifestación más visible: la personalidad. Será importante tener en cuenta su color, textura y si está limpia o descuidada. (Ver DESGARRAR, MANCHAS, MANTO y ROPA).

# U

UMBRAL: (Ver PUERTA).

UNIFORME: (Ver ROPA y SOLDADOS).

URRACA: Es un pájaro charlatán, ladrón, envidioso y presuntuoso y tales serán las características ante las que deberemos estar en guardia cuando la urraca aparece en nuestros sueños.

UVAS: Los racimos representan fertilidad, abundancia y fraternidad, así como espíritu de entrega y servicio.
También se utiliza como símbolo del vino y del carácter desinhibidor y generador de alegría que éste tiene.

# V

VACA: Se asocia con la tierra nutricia y generosa, la bondad, la paciencia, la fertilidad y a veces la estupidez.

VAGABUNDO: Si nos vemos como tal y la sensación asociada es agradable, indica que tenemos deseos de dejarlo todo y eludir las responsabilidades, tal vez por un exceso de trabajo y tensiones. Cuando el sentimiento que lo anima es triste o angustioso refleja miedo al fracaso.

VALLE: Representa el carácter acogedor de la madre tierra. (Ver MADRE).

VAMPIRO: (Ver MEDIANOCHE, MIEDO y MURCIE-LAGO).

VASIJA: (Ver JARRA)

VASO: (Ver COPA).

VEJEZ: (Ver ABUELOS, JUVENTUD y OTOÑO).

VELA: (Ver CANDELABRO, FUEGO, LAMPARA y LUZ).

VELETA: Indica inconstancia, indecisión y dudas.

VELO: Sirve para ocultar sugiriendo la presencia de lo que no se ve. Por esto mismo es un símbolo usado como invitación al conocimiento. En la mujer representa también seducción y juego erótico.

VELLO: Representa energía, agresividad y potencia sexual. (Ver PELO).

VENDA: Simbolizan el dolor y la ceguera, la inconsciencia. Nos conviene abrir bien los ojos para evitar situaciones difíciles o comprometidas, que pudieran ocasionarnos dolor o sufrimiento.

VENTANA: Es un hueco en el muro que permite la entrada de la luz y regular la temperatura. También sugiere la proyección de nuestra mente a través del paisaje que por su mediación contemplamos.

Cuando miramos a través de ellas con alegría es porque estamos llenos de entusiasmo para abordar nuestros proyectos frente al mundo. Si nos proporciona miedo o incertidumbre es porque nos falta seguridad y no estamos muy seguros de lo que queremos hacer. Espiar a través de las redijas de la persiana o de los visillos es síntoma de represión y curiosidad. Al vernos entrando o saliendo por ella, en lugar de hacerlo por la puerta, puede ser un aviso de que hemos tomado alguna decisión equivocada.

VERANO: Representa la plenitud, el apogeo de la vida. Es alegría, calor y deseos de compartir nuestros sentimientos. (Ver SUR).

VERDE: Es el color de la relajación, de la tranquilidad, la calma y la tonificación. Suele simbolizar la vida, la esperanza y la inmortalidad por su presencia en el mundo vegetal y la regeneración de la naturaleza. Pero también puede indicar veneno o peligros inesperados al asociarlo con la jungla. Hay por ello una sugerencia de vida instintiva e irracional en este color. Si estuviéramos pendientes de alguna resolución, nos indica esperar a tener las cosas más maduras. Mientras tanto, debemos procurar establecer un equilibrio entre nuestros pensamientos y sentimientos.

VESTIDO: (Ver ROPA).

VINO: Es símbolo de superación de la razón para alcanzar la desinhibición de lo reprimido o la unión mística con la naturaleza o la divinidad. (Ver UVAS).

VIENTRE: En general, recuerda la maternidad y la necesidad de ternura y protección que, en el extremo, puede ser indicativo de un carácter regresivo, falta de madurez o problemas afectivos.

Si vemos el nuestro, representa la capacidad que tenemos para transformar lo ajeno en propio o sacar beneficios o enseñanzas de las experiencias vividas. La danza del vientre es un juego de incitación erótica, que puede representar una distracción de nuestras ocupaciones habituales. (Ver HAREN, INTESTINOS y MADRE).

VIGA: Indica el beneficio de un importante apoyo.

VIOLETA: La flor indica modestia. El color violeta se compone a partes iguales de azul y rojo, lo cual simboliza la actividad sublimada por las emociones y los sentimientos llevados a la plasmación equilibrada. También representa la experiencia serena de una larga vida.

VOLAR: (Ver ALAS).

VOLCAN: Representa el estallido de lo que no podía contenerse reprimido y oculto por más tiempo. (Ver TERRE-MOTO y TORO).

# Y

YATE: Es el deseo de escapar de las responsabilidades para gozar de una vida regalada. Esto muestra inmadurez y falta de responsabilidad. Nos conviene llevar a cabo una introspección para ver si no nos estaremos dejando llevar por las ilusiones perniciosas de una sociedad de consumo desmesurada, olvidando lo más importante: ser nosotros mismos y lograr la realización plena de nuestra personalidad.

YELMO: (Ver CAPUCHA).

YUGO: Es símbolo de imposición, disciplina, servidumbre y esclavitud. Pueden ser muchas las cosas que nos impongan este yugo, tanto externas como internas. Nos conviene profundizar en el contexto del sueño hasta descubrir exactamente el problema y librarnos de él.

YUNQUE: Es el que soporta los duros golpes del herrero para dar forma al hierro. Nos conviene aguantar un poco más. El resultado merecerá la pena. (Ver ACERO, HERRERO, HIERRO y MARTILLO).

# Z

ZAFIRO: Es una piedra con una gran simbología celestial y se relaciona con la concesión de dones. Su color azul es la representación de las emociones sublimes y la bondad. (Ver AZUL, JOYAS y PIEDRA).

ZAPATOS: (Ver BOTAS y PIES).

ZARZAMORA: Su sabor agridulce y su carácter silvestre la convierten en el símbolo de la seducción, que tanto nos causa gozo como amargura. Cuando se comparte con amor puede aportar experiencias muy enriquecedoras.

# –BIBLIOGRAFIA–

ADAM, A.: Significado de los sueños - New York 1980 - Studium Corporation.

AEPPLI, E.: El lenguaje de los sueños - Barcelona 1965 - Luis Miracle.

ALONSO DEL CAMPO, U.: Estructura y dinámica de los sueños - Granada 1983 - Dpto. Psicología de la Facultad de Filosofía.

ALTEN, Diane von: Guía completa para interpretar los sueños - Barcelona 1985 - Ed. De Vecchi.

ARNALDO DE VILANOVA: De la interpretación de los sueños -José Fco. Ivars 1975.

BATTEGAY, R.: Los sueños según las diversas escuelas psicoterapéuticas - Barcelona 1979 - Ed. Herder.

BECKER, Raymond de: Cómo interpretar los sueños - Madrid 1983 Ibérico Europea de Ediciones.

BECKER, Raymond de: Las maquinaciones de la noche - Esplugas (Barcelona) 1977 - Ed. Plaza & Janés.

BELDA GONZALEZ, P.G.: Interpretación científica de los sueños Madrid 1982 - Ed. Paraninfo.

BENNET, E. A.: Lo que verdaderamente dijo Jung - México 1970 - Ed. Aguilar.

BERENSTEIN, I.: Psicoanálisis y semiótica de los sueños - Buenos Aires - Ed. Paidós.

BERNARD, J.L.: Tus sueños: guía para la interpretación de los propios sueños - Madrid 1985 - Ed. Everest.

BERSEZ, J.: Télécommandez vos rêves - 1978 - Ed. Crebillon.

BUENO, M.P.: La interpretación de los sueños - Barcelona 1977 Ed. De Gasso Hnos.

CALIGOR, L. y MAY, R.: Sueños y símbolos - Buenos Aires 1972 - Ed. Troquel.

CANO, R.: Los secretos de los sueños - Barcelona 1986 - Ed Martinez Roca.

CASAS, J.: Los sueños - Barcelona 1986 - Ed. De Vecchi.

COLOMAR, O.: Dime cómo duermes y te diré cómo eres - Barcelona 1985 - Ed. Obelisco.

COLOMER MARTI, J.: Una terapia real-lógica - Gerona 1982 -J. Colomer.

DUDLEY, G.A.: Sentido y significado de los sueños - Barcelona 1958 - Maucci. Rafael Salvá.

ELLIS, H.H.: Sueños eróticos - Madrid 1975 - Ed. Tropos.

FARADAY, A.: El poder de los sueños - Madrid 1975 - Ed. Guadarrama.

FERRATI, A.: Los sueños - Barcelona 1957 - Ed. Bruguera.

FERRER, A.: El significado de los sueños - Barcelona 1977 - Ed. Bruguera.

FORDHAM, F.: Introducción a la psicología de Jung - Madrid 1970 - Ed. Morata.

FOULKES, D.: Gramática de los sueños - Barcelona 1982 - Ed. Paidós.

FOULKES, D.: Psicología del dormir y del soñar - Buenos Aires 1968 - Ed. Troquel.

FREUD, S.: La interpretación de los sueños - 3 Vols. - Madrid 1974 - Ed. Alianza.

FREUD, S.: La interpretación de los sueños - Barcelona 1985 - Ed. Planeta Agostini.

GARCIA SANZ, J.: El sueño y los sueños - Madrid 1986 - Ed. Quorum.

GIMENEZ SAURINA, M.: La interpretación de los sueños - Barcelona 1982 - Ed. Ramos-Majos.

GUILLAUMIN, J.: Los sueños y el yo - Barcelona 1981 - Ed. Paidós.

HOLZER, H.: Interpretación práctica de los sueños - Barcelona 1986 - Ed. Martinez Roca.

JACOBI, Jolande: La psicología de C. G. Jung - Madrid 1976 - Ed. Espasa Calpe.

JAFFE, A.: Personalidad y obra de C. G. Jung - Caracas 1977 - Ed. Monte Avila.

JUNG, C. G.: Arquetipos e Inconsciente colectivo - Barcelona 1984 - Ed. Paidós.

JUNG, C. G.: El hombre y sus símbolos - Barcelona 1984 - Ed. Caralt.

JUNG, C. G.: Energética psíquica y esencia del sueño - Barcelona 1982 - Ed Paidós.

JUNG, C.G.: Formaciones de lo inconsciente - Buenos Aires 1977 - Ed. Paidós.

JUNG, C. G.: Psicología y simbólica de lo arquetípico - Buenos Aires 1978 - Ed. Paidós.

JUNG, C. G.: Símbolos de transformación - Barcelona 1982 - Ed. Paidós.

KARMADHARAYA: Cómo interpretar los sueños - Barcelona 1985 - Ed. De Vecchi.

KEMPER, W.: El significado de los sueños - Madrid 1969 - Ed. Alianza.

KIELCE, A.: Los sueños - Barcelona 1984 - Ed. Juan Granica.

KOLOSIMO, P.: Guía al mundo de los sueños - Barcelona 1976 - Ed. Plaza & Janés.

KURTH, H.: Diccionario de los sueños - Barcelona 1984 - Círculo de Lectores.

LEROY, E.B.: Les visions du demi-sommeil - París 1926 - Lib. Felix Alcan.

MACKENZI, N.: Los sueños - Barcelona 1984 - Ed. Caralt.

MARTINEZ CONESA, J.A.: El sueño y los ensueños en la medicina griega - Valencia 1973 - Imp. M. Montaña.

MASTERTON, G.: 1001 sueños eróticos - Barcelona 1982 - Ed. Martinez Roca.

MATTOON, M. A.: El análisis junguiano de los sueños - Buenos Aires 1980 - Ed. Paidós.

MESEGUER, P.: El secreto de los sueños: Psicología metapsíquica - Madrid 1956 - Ed. Razón y Fe.

MICHAUX, H.: Modos del dormido - Madrid 1974 - Ed. Felmar.

MOELLER, W.: El misterio de los sueños - Berlín - Ed. Internacional.

MONTESCHI, A.: El gran libro de los sueños - Barcelona 1985 Ed. De Vecchi.

MORENO, J.J.: El libro de los sueños - Barcelona 1959 - Ed. Daimon.

NAGIB-RATH, A.: Cómo interpretar los sueños - Barcelona 1968 Ed. Aura.

NELSON, S.: Guía práctica para interpretar los sueños - Barcelona 1986 - Ed. De Vecchi.

NUSAN: Los sueños. Diccionario del significado y revelación de los sueños - Barcelona 1958 - Ed. Toray.

PAUPST, J.C.: El libro del dormir - Madrid 1979 - Ed. Edaf.

PEDRAZA Y PAEZ: La llave de los sueños - Barcelona - Ed. Sopena.

QUIROGA, A.: Los astros y los sueños - Barcelona 1977 - Ed. Bruguera.

REAL, P.: Interprete sus sueños - Barcelona 1962 - Ed. Bruguera.

REPOLLES AGUILAR, J.: Interpretación de los sueños - Barcelona 1976 - Ed. Bruguera.

SALAS, E.: El gran libro de los sueños - Barcelona 1987 - Ed. Martinez Roca.

SANJUAN, E.: El libro de los sueños - Valencia 1981 - Ed. Alas.

SANJUAN, E.: Usted y los sueños - Barcelona - Ed. Alas.

SCHOLTEN, M.: La interpretación de los sueños - Barcelona 1986 Editors.

SONNET, A.: El misterioso mundo de los sueños - Barcelona 1965 Ed. Zeus.

SORDO, E.: Los sueños - Barcelona 1962 - Ed. Guada.

SUN, S.: El significado de los sueños - Barcelona 1986 - Ed. Martinez Roca.

TAMBASCIO, L.: La interpretación de los sueños - Barcelona 1986 - Edicomunicación.

THYLBUS: El misterio de los sueños - Madrid 1986 - Ed. Edaf.

TOFFOLI, A.: El amor a través de los sueños - Barcelona 1985 - Ed. De Vecchi.

TOFFOLI, A.: La interpretación de los sueños - Barcelona 1985 Ed. De Vecchi.

TORRES MORRY, J.: El sueños y los sueños - Barcelona 1970 - Ed. Grijalbo.

VERA RAMIREZ, F.: Sueños y vida - Madrid 1978 - Ed. Andina.

VICENT, A.R.: Libro de los sueños y de las ciencias ocultas Barcelona 1968 - Ed. Frontis.

ZIMMER, D.E.: Dormir y soñar - Barcelona 1986 - Ed. Salvat.

ÍNDICE

# INDICE